Erinnern – danken – feiern

Autorinnen und Autor

Bernhard Hopf, geb. 1962; Dipl.-Theol.; seit 1989 Pastoralreferent in Riedenberg (Diözese Würzburg) mit dem Schwerpunkt „Wortgottesdienstleiter-Aus- und Fortbildung".
Lucia Kehr OP, geb. 1963; Studium der Kath. Theologie in Sankt Augustin/Hennef und Würzburg; 1987 Eintritt in die Kongregation der Missionsdominikanerinnen; seit 1989 im pastoralen Dienst der Diözese Würzburg; zur Zeit als Pastoralassistentin tätig.
Edeltraud Steiner, geb. 1936; Diplomkrankenschwester; 1959 Eintritt in die „Gemeinschaft der Missionshelferinnen Würzburg – Säkularinstitut"; ab 1971 Aufgaben innerhalb der Gemeinschaft; Ausbildung als Exerzitienleiterin; regelmäßige Begleitung von Exerzitienkursen für Ehepaare; seit 1992 in der Gemeindeseelsorge in Wildflecken tätig.

Bernhard Hopf / Lucia Kehr / Edeltraud Steiner

Erinnern – danken – feiern

Rollenbuch für Leiterinnen und Leiter von Wortgottesdiensten

Matthias-Grünewald-Verlag · Mainz

Der Matthias-Grünewald-Verlag ist Mitglied
der Verlagsgruppe engagement

Die Deutsche Bibliothek – CIP-Einheitsaufnahme

Hopf, Bernhard:
Erinnern – danken – feiern : Rollenbuch für Leiterinnen und Leiter von Wortgottesdiensten / Bernhard Hopf/Lucia Kehr/Edeltraud Steiner. – Mainz : Matthias-Grünewald-Verl., 1995
ISBN 3-7867-1854-7
NE: Kehr, Lucia:; Steiner, Edeltraud:

Umschlag: Heinz Kirsch & Kristine Buckel, Grafik-Design, Wiesbaden
Satz: Studio für Fotosatz und DTP, Ingelheim
Druck und Bindung: Kösel, Kempten

Mit kirchlicher Druckerlaubnis.
Würzburg, den 20. Juni 1995.
H. Brander, Generalvikar

ISBN 3-7867-1854-7

Inhalt

Einführung

Warum dieses Buch?

Als hauptamtliche MitarbeiterInnen in der Kirche erfahren wir jeden Tag, daß es immer mehr an den wesentlichen kirchlichen Vollzügen mangelt. Der Priestermangel ist dabei nur ein Symptom. Allenthalben ist zu spüren, daß immer weniger Menschen sich in ihrer Gemeinde engagieren und sich mit ihr identifizieren. Christliche Gemeinde und ihre Gottesdienste werden nur noch selten als Orte der Glaubenserfahrung und Glaubensweitergabe erlebt. Gemeindeschwund ist die Folge dieses Erlebens.
Deshalb ist es unseres Erachtens wichtig, gerade in dieser Zeit den Gottesdienst als einen Wesensvollzug der Gemeinde unter den heutigen Bedingungen herauszustellen. Wenn Gemeinden und Diözesen angefangen haben, für sich *Wortgottesdienste* wertzuschätzen und als ihre Versammlung der Gemeinde zu feiern, dann ist vielleicht gerade aus dem Priestermangel heraus ein neues Gemeindebewußtsein gewachsen, das es in Zukunft zu begleiten gilt.
Sicherlich spielt auch besonders im liturgischen Bereich der Gemeinden die „Ungleichzeitigkeit" der Entwicklung eine große Rolle. Deshalb verstehen wir dieses Buch für Gottesdienstleiterinnen und -leiter auch als Information über unsere eigene Gottesdienstpraxis sowie als Anregung zur Diskussion.
Die vorliegenden Texte haben sich inmitten unserer Gemeinden in Zusammenarbeit mit den Liturgie- und Kindergottesdienstkreisen entwickelt. In der Praxis mangelte es immer wieder an einem Buch, das als Rollenbuch des Wortgottesdienstleiters/der Wortgottesdienstleiterin alle wesentlichen Texte enthält, um einen Wortgottesdienst zu gestalten und zu leiten. So soll es neben dem Gotteslob und dem Lektionar zu einer brauchbaren Hilfe für den/die WortgottesdienstleiterIn werden.

Leben und Gottesdienst als Einheit

„Die Pflege der Liturgie muß auf die Pfarrgemeinde bezogen sein, wie sie in Wirklichkeit ist. Sie muß ihre Bedürfnisse im Auge haben, ihre

Möglichkeiten sehen und darf ihr nichts zumuten, was ihrem Wesen widerspricht. Andererseits muß sie ihr aber auch wirklich das zutrauen, was an Bereitschaft und Möglichkeit in ihr liegt – und das ist viel, sehr viel mehr, als so mancher Praktiker zuzugeben pflegt." Diese Feststellung Romano Guardinis (in: Liturgie und liturgische Bildung, Mainz 1992, 183f), jenes großen Theologen der liturgischen Bewegung am Anfang unseres Jahrhunderts, gilt für unsere Zeit genauso. Wir müssen die Gottesdienste feiern, die aufgrund der personellen Situation der Kirche und der Verständnismöglichkeit der Gemeinden angebracht erscheinen. Ansonsten geht der Liturgie ihr Gemeinschaftscharakter verloren, dessen sie sich erst nach dem Zweiten Vatikanischen Konzil so richtig bewußt geworden ist.
Liturgia semper reformanda – die Liturgie ist ständig zu reformieren, und jeder Christ muß dafür Sorge tragen, daß das Leben und der Gottesdienst immer mehr zu einer Einheit werden und das eine aus dem anderen hervorgehen kann.

Der ekklesiogenetische Charakter der Gemeindeversammlung

In unserer Vision von Gemeinde sind Ekklesiologie und Liturgie eng miteinander verbunden.
Gemeinden, die ihre Verantwortung für sich erkannt haben und sich immer mehr vom Versorgungsdenken lösen, werden spüren, daß ihr Leben, Glauben und Hoffen in die Versammlung der Gemeinde hineinfließen werden. Daraus ergibt sich, daß sie sich selbst für ihre Gottesdienste verantwortlich fühlen, auch wenn kein hauptamtlicher (Priester als) Seelsorger mehr vor Ort dafür die erste Sorge trägt. Solche Gemeinden werden spüren, daß sich ihr Kirchesein in dem Maße zeigt, wie sie es selbst verstehen, ihre Gottesdienste zu gestalten und zu feiern.
Solches Gemeindebewußtsein und Handeln läßt sich theologisch begründen durch das allgemeine Priestertum, das jedem getauften und gefirmten Christen zu eigen ist.
Die Frage, die sich Christen heute stellt, ist deshalb: Bin ich bereit, mein Christsein in meiner konkreten Gemeinde zu leben und daraus die nötigen Konsequenzen für meine Glaubenspraxis zu ziehen? Wer diese Frage für sich mit Ja beantwortet, kann auch die neuen Formen der Liturgie akzeptieren und den Wortgottesdienst als Versammlung seiner Gemeinde schätzenlernen.

Dabei sollen alle liturgischen Feiern auf die Eucharistiefeier als den Höhepunkt christlicher Liturgie ausgerichtet sein.
Dazu wollen in diesem vorliegenden Buch die Texte und Handlungen helfen, die in den liturgischen Grundformen der Eucharistiefeier ihren Ursprung haben und so auf sie immer wieder hinweisen als Quelle von Wortgottesdienst und Kommunionfeier.
So verstanden werden die Wortgottesdienste eine erneuerte liturgische Praxis darstellen, die zwar offensichtlich aus dem Priestermangel heraus erwachsen ist, aber gerade dadurch dem Gemeindemangel entgegenläuft und die christlichen Gemeinden wieder zum Subjekt ihres eigenen Tuns macht.

Wortgottesdienst mit Kommunionfeier?

Die Diskussion über den Kommunionteil beim Wortgottesdienst wird bis heute gerade unter Theologen sehr kontrovers geführt. Dabei wird unseres Erachtens der Blick von der Gemeinde her, von den Menschen aus, oft zu wenig beachtet. Bei der theologischen Erklärung, daß der Wortgottesdienst alleine schon die Gegenwart Christi in der Gemeinde darstelle, wird vergessen, daß die GottesdienstteilnehmerInnen über Jahrzehnte gerade zur Kommunion hin erzogen wurden. Dabei spielt die Mahltheologie des Zweiten Vatikanischen Konzils keine unerhebliche Rolle. Auch das Argument, daß durch das Weglassen der Kommunion im Wortgottesdienst die Menschen auf diesen Mangel mehr hingewiesen werden und daß sich daraus ein größeres Sorgen um Priesterberufungen ergebe, scheint uns sehr einseitig gedacht.
Wichtiger ist es uns im Augenblick, der Gottesdienstgemeinde, auch durch die Feier der Kommunion, diese als wertvolles Zeichen der Gegenwart Christi im Brote zu erhalten. Sonst ginge das Verständnis von Symbolen bei den Gläubigen noch stärker verloren. Die Wortliturgie würde dadurch vereinseitigt und der Mensch nicht mehr mit Leib und Seele als Feiernder ernst genommen. Wohin die einseitige Betonung der Wortliturgie geführt hat, können uns unsere evangelischen Schwestergemeinden leidvoll erzählen. Als ein weiteres Argument gegen Wortgottesdienst mit Kommunionfeier wird oft ins Feld geführt, daß die Leute bald Messe und Wortgottesdienst nicht mehr unterscheiden könnten. Aus unserer Erfahrung heraus müssen wir dem nachdrücklich widersprechen. Die Sehnsucht nach der Eucharistiefeier bleibt erhalten. Jung und Alt wissen sehr gut zu unterscheiden, nicht zuletzt auch deshalb, weil die

WortgottesdienstleiterInnen Menschen aus ihren Reihen sind, die klar als Laien und nicht als „Quasi-Priester“ verstanden werden.
Aus diesen Gründen schlagen wir in der Regel den Wortgottesdienst *mit* Kommunionfeier vor.
Aber hier wird jede Gemeinde ihren eigenen Weg finden müssen. Natürlich läßt sich dieses Buch ebenso für die Feier eines Wortgottesdienstes ohne Kommunionausteilung verwenden.

Das nachfolgende Schema ist als Tragegerüst zu verstehen. Zudem kann es als Kopiervorlage für den Liedzettel und gegebenenfalls für die Vorbereitungsgruppe dienen.
Die Verantwortlichen können je nach ihren Erfahrungen und der gemeindeüblichen Praxis ihre Schwerpunkte setzen.
Der Wortgottesdienst läßt ja gerade dadurch, daß er nicht liturgisch bis in alle Einzelheiten festgelegt ist, Raum für Kreativität und konkreten Gemeindebezug.
Elemente wie liturgische Tänze, moderne Musik, gestaltete Lesungen und ergänzende Texte aus der Profanliteratur, die zum Gottesdienstthema passen, lassen sich in den Gottesdienst einbauen und tragen dadurch zu einer engen Verknüpfung von unserer Lebenswelt und der Feier des Gottesdienstes bei.

Wider die Angst und für eine lebensnahe Feier

Wer an das Wirken des Heiligen Geistes in der Kirche glaubt, braucht sich bei keiner Entwicklung zu ängstigen, daß wesentliche Bestandteile und Vollzüge der Kirche durch Neuerungen verlorengingen.
Kirchenamtliche Texte seit dem Zweiten Vatikanischen Konzil haben immer wieder den eigenständigen Wert des Wortgottesdienstes betont und seine Entwicklung gefördert. Vor allem die Synode der deutschen Bischöfe in Würzburg hat in den 70er Jahren den sich auftuenden Raum für diese Gottesdienstform erkannt und ihn als gültigen Gemeindegottesdienst am Sonntag erklärt, wenn keine Eucharistiefeier möglich ist (vgl. Synode der Bistümer in der Bundesrepublik Deutschland, Beschluß: Gottesdienst Nr. 2.4.3.).
Die Entwicklung in den Jahren nach dieser Synode ist mancherorts schneller vorangegangen, als manche im stillen zu hoffen gewagt haben. In zahlreichen Gemeinden wurde der Wortgottesdienst zu einer beachteten und anerkannten Gottesdienstform. Vor allem in Gegenden, in denen Christen in der Minderheit und weit verstreut leben, ist er

Gottesdienstordnung

für ____

	Seite/Nr.	Lied-Nr./Strophe
Einzug		
Eröffnungslied		....
Liturgische Eröffnung und Begrüßung (1)	....	
Einführung (2)	....	
Bußakt (3)	....	....
Kyrie (3)	....	
Gloria (3)	....	....
Tagesgebet (4)	....	
Erste Lesung (Lektionar)		
Antwortgesang		....
Zweite Lesung		
Halleluja		....
Evangelium (Lektionar/ Evangeliar)		
Credo		....
Fürbitten		
Lied zur Kollekte (S. Anhang)		
Überleitung zur Kommunionfeier (5)	....	
Lied zur Übertragung des eucharistischen Brotes		....
Preisgebet (6)	....	....
Lied		....
Vater unser	....	
Friedensgruß (7)	....	....
Kommunion	....	....
Kommunionmeditation (8)	....	
Danklied		....
Schlußgebet (9)	....	
Segensbitte (10)	....	
Auszug		

gleichzeitig die einzig mögliche Form, um die sonntägliche Versammlung der Gemeinde aufrechtzuerhalten.
Sicherlich tut es not, den betroffenen Gemeinden, die zum ersten Mal mit sonntäglichen Wortgottesdiensten konfrontiert werden, den Wert und das Verhältnis der verschiedenen Gottesdienstformen untereinander genau zu erläutern. Denn die Mündigkeit innerhalb der Kirche ist auch von „unten" her noch nicht so weit fortgeschritten, wie es die momentane Lage eigentlich erfordern würde.
Deshalb wünschen wir allen ChristInnen, die sich unter heutigen Bedingungen in ihrer und für ihre Kirche und in ihren Gottesdiensten einsetzen, viel Kraft und Mut, ihren Weg zu gehen und dem Geist Gottes Raum zu geben. Diesen Geist erleben wir immer wieder in den und durch die Menschen, die sich in unseren Gemeinden engagieren. Für sie haben wir in erster Linie dieses Buch geschrieben.

Bernhard Hopf
Lucia Kehr OP
Edeltraud Steiner

1. Liturgische Eröffnung und Begrüßung

Jedes liturgische Tun benötigt einen „offiziellen" Anfang. Die Eröffnung (Kreuzzeichen) mit der Grußformel (Der Herr sei mit euch ...) macht bereits zu Beginn den dialogischen Charakter der Feier deutlich. Gemeinsam wollen wir nun Gott loben, sein Wort hören und Kommunion feiern.
Nach dem Einzug steht der/die GottesdienstleiterIn an seinem/ihrem Platz, um den Gottesdienst zu eröffnen und die Gemeinde zu begrüßen.
Bitte beachten Sie: Die neuen, hier vorliegenden Eröffnungsdialoge müssen mit der Gemeinde eingeübt werden.

1

1.

GDL: Wir wollen unseren gemeinsamen Gottesdienst beginnen mit dem Zeichen unserer Erlösung und beten gemeinsam:
Im Namen des Vaters und des Sohnes und des Heiligen Geistes. Amen.
Unser Herr Jesus Christus, der uns zum gemeinsamen Mahl einlädt, er sei jetzt mit uns.

A: (Ja,) Er ist mitten unter uns.

2.

GDL: Im Namen des Vaters und des Sohnes und des Heiligen Geistes.

A: Amen.

GDL: Der Herr sei mit uns.

A: Amen.

3.

GDL: Im Namen des Vaters und des Sohnes und des Heiligen Geistes.

A: Amen.

GDL: Wir haben uns im Namen Gottes als seine Gemeinde von N. versammelt. Er ist jetzt mit seinem Heiligen Geist in unserer Mitte.

A: Amen.

1

4.

GDL: Im Namen des Vaters und des Sohnes und des Heiligen Geistes.

A: Amen.

GDL: Gnade und Frieden von Gott, unserem Vater, und die Gemeinschaft um Jesus Christus im Heiligen Geist werde in diesem Gottesdienst spürbar unter uns.

A: Das hoffen wir. Amen.

5.

Bei einem Gottesdienst gemäß des Stundenbuchs:

GDL: Herr, öffne meine Lippen.

A: Damit mein Mund dein Lob verkünde.

GDL: Im Namen des Vaters und des Sohnes und des Heiligen Geistes.

A: Amen.

6.

GDL: O Gott, komm mir zur Hilfe.

A: Herr, eile mir zu helfen.

GDL: Im Namen des Vaters und des Sohnes und des Heiligen Geistes.

A: Amen.

2. Einführung

Die Einführung soll kurz (!) das Thema des Gottesdienstes anklingen lassen und die versammelte Gemeinde auf ihr gottesdienstliches Tun einstimmen.
Der liturgische Ort der Einführung ist am VorsteherInnensitz (Mikrophon?!), allenfalls am Ambo, jedenfalls nicht am Altar.

2

Adventszeit

1. Adventszeit – Wartezeit

Warten und wieder warten. Nichts ist menschlicher als das!
Auf jemand warten, der kommen soll. Warten, daß etwas geschieht.
So wie die junge Frau auf die Geburt ihres Kindes wartet und nicht daran zweifelt, daß ihr Warten sich wirklich erfüllt.
Ohne diese Hoffnung gerät jedes Leben in eine Sackgasse.
Wo aber Erwartung ist, breiten wir gleichsam der Zukunft einen Teppich aus für ihren Empfang. Wer in Erwartung lebt, schlägt eine Brücke hinüber ans andere Ufer.
Der greise Simeon ist zuversichtlich bis zuletzt. Er glaubt daran, daß er den Messias sehen werde, daß er kommt, der verheißene Retter Israels.
Erwarte und ersehne ich den Erlöser für mich, für unsere Gemeinde, für alle Menschen?
ER kommt hier und jetzt im Wort, im Mahl.
Wo wir als Gemeinde in seinem Namen versammelt sind, da ist ER da.

2. Warte-zeit

Als Warte-zeit ist uns der Advent längst bekannt. Je nach unserem Temperament fällt uns das Warten leichter oder schwerer. Für manche Menschen ist das Warten eine harte Lektion. Andere verbinden damit das gelangweilte oder ungeduldige Herumsitzen in einem Wartezimmer.
Es gibt ein spannendes und angestrengtes Warten, ein

2

gelassenes und freudiges Er-warten und ein nahezu unerträgliches Ab-warten.
„Mitten unter euch steht der, den ihr nicht kennt." Das sagt Johannes über Jesus.
Kenne ich ihn eigentlich, oder meine ich nur, ihn zu kennen?
Als wen kenne ich ihn? Steht er nicht auch immer wieder mitten in meinem Leben, und ich erkenne ihn nicht?
Jesus, du bist auch ein Wartender.
Du wartest auf mich, egal, wie spät ich heimkomme.
Du erwartest mich, egal, wo ich herkomme.
Du kannst abwarten, bis ich nachkomme.
Du hast schon immer auf mich gewartet.
Du bleibst der Wartende.
Ich möchte dich noch mehr kennen- und schätzenlernen als den, der du wahrhaftig bist.

Paul Weismantel

Weihnachten / Weihnachtszeit

3. Weihnachten

„Wovon das Herz voll ist, darüber kann der Mund nicht schweigen."
In diesem Gottesdienst wollen wir die Menschwerdung Gottes bedenken und dankbar feiern.
(Als erstes bitten wir singend den Herrn um sein Erbarmen ...)

2

4. Fest der Heiligen Familie

Die Heilige Familie ist kein süßliches Bild fernab aller Wirklichkeit. Im Gegenteil: Jesus teilt Freud und Leid und das Schicksal armer Menschen von der Krippe bis zum Tod. Josef und vor allem Maria erleben das aus nächster Nähe mit. Damals wie heute ist die Familie eine Schicksalsgemeinschaft im Auf und Ab des Lebens, und wir tragen zu ihrem Gelingen und Mißlingen bei.

5. Weihnachtszeit

Weihnachten ist nicht nur ein einzelner Festtag, sondern wir feiern eine ganze Weihnachtszeit, weil wir mit dem Staunen nicht fertig werden, mit dem Staunen, daß Gott ein kleiner Mensch, ein Kind wird. Noch einmal wird uns bestätigt: Das Wort ist Fleisch geworden, und es hat unter uns gewohnt.

Fastenzeit

6. Aschermittwoch

Das Kreuz –
es begegnet uns oft in unserem Leben.
Es ist Zeichen des Todes – auf unseren Friedhöfen,
es ist Zeichen der Trauer – in den Gesichtern der Menschen.

Das Kreuz –
Es steht auf den Berggipfeln
und an den Straßen.
Es hängt in den Zimmern unserer Häuser
und in den Räumen unserer Schulen.

Manche tragen das Kreuz an einem Kettchen,
manche tragen es auf ihren Schultern.

Jesus hat am Kreuz
alles Unzulängliche,
alles Vergängliche,
alles Endliche
durchkreuzt – mit seinem Kreuz.

So ist das Kreuz für uns auch:
Zeichen des Sieges,
Zeichen der Hoffnung,
Zeichen des Lebens.

7. Loslassen – Neu aufbrechen

Wenn ich Fastenzeit, österliche Bußzeit höre, dann kommt mir so manches in den Sinn:

- Loslassen und neu aufbrechen
- Neues wagen
- in mich hineinhören
- mit mir ins reine kommen
- Bilanz ziehen vor Gott
- die Vergänglichkeit meines Lebens bewußt anschauen
- bescheidener und bewußter leben
- die Chance einer neugewonnenen Freiheit
- danken und beten

– ich muß nicht alles haben, ich brauche nicht alles, wonach ich Lust habe
– mich neu ausrichten und aufrichten lassen von DEM, der mich in Wahrheit aufgerichtet hat.

Fastenzeit in diesem Sinne hat nichts Trübseliges, uns Bedrückendes, sondern ist – erlauben Sie mir den Vergleich – wie ein reinigendes, erfrischendes Bad zum Fest der Auferstehung, zum Fest unserer Erlösung.
So ist Fastenzeit eine Zeit der Gnade, Zeit des Heiles. Alles darf heil werden.

8. Fasten

Der Schriftsteller Phil Bosmans sagt uns folgendes zum Fasten:

Fasten heißt lernen, mit einfachen Dingen glücklich zu sein.
Fasten heißt, sich freimachen von den tausend Fesseln der tausend toten Dinge,
die man dir angepriesen und aufgedrängt hat, als seien sie unerläßlich für das Leben.
Fasten heißt, die einfachen, kleinen Freuden in Dankbarkeit genießen;
die vielen Gaben, die wir jeden Tag aus Gottes Hand empfangen dürfen.
In jeder Blume, die blüht, sagt Gott, daß er mich gern hat.
In jedem Vogel, der singt, höre ich seine Liebe,
und in jeder Hand, die mich stützt, spüre ich seine Sorge um mich.

Phil Bosmans

Osterzeit

9. Osterjubel

Gläubige orthodoxe Christen begrüßen sich in der Osterzeit mit dem Ruf: „Der Herr ist wahrhaft auferstanden, Halleluja!“ So halten sie sich die Auferstehung als Mitte unseres Glaubens in ständiger Erinnerung, der Osterjubel bleibt lebendig. In der Osterzeit wird es nicht so schnell grauer Alltag.
Wir wollen heute in diesem österlichen Gottesdienst wieder neu einstimmen in den Osterjubel. Das Licht der Auferstehung möge all die Kreuze unseres Lebens erhellen und erlösen.

10. Neues Leben

Draußen kommt der Frühling mit Macht: Alles treibt frisches Grün. Das Leben erwacht wieder neu in den wie tot aussehenden Bäumen und Sträuchern. So kann der Frühling für uns ein Bild der Auferstehung sein.
Auch in uns Menschen weckt der Frühling wieder neue Lebenskraft und Lebenslust. Sie bekommen ihren tiefen Sinn in der Befreiung von Sünde und Tod, die uns in der Auferstehung Jesu geschenkt wird. In diesem Gottesdienst wollen wir mit unserem Leben in die Kraft der Auferstehung einschwingen.

11. Kreuz als Zeichen der Erlösung

Das Kreuz ist unser Erkennungszeichen als Christin, als Christ. Doch das Kreuz alleine ist ein Zeichen des Todes; erst im Licht der Auferstehung wird es zum Zeichen der Erlösung: Wir gehen auf ein volleres, vollendetes Leben nach dem Tod zu. In diesem Gottesdienst wollen wir unser Leben neu ins Licht der Auferstehung halten, das alle Dunkelheit und Not erhellen will.

Heiliger Geist / Pfingsten

12. Dein Geist weht, wo er will

„Dein Geist weht, wo er will", heißt es in einem neuen religiösen Lied, „wir können es nicht ahnen. Er greift nach unseren Herzen und bricht sich neue Bahnen." Gottes Geist ist immer wieder für Überraschungen gut. Er kann uns aus dem alten Gleis werfen, wenn es nicht mehr dem Leben dient, und neuen Einsichten in uns Raum schaffen. Beten wir in diesem Gottesdienst, daß wir das Wirken des Heiligen Geistes erkennen und uns ihm öffnen.

13. Früchte des Geistes

Alle Versuche zu beschreiben, was der Heilige Geist ist, sind sehr schwierig und enden schnell in abstrakten theologischen Formeln. Dagegen ist es leicht zu erkennen, wie der Heilige

Geist wirkt. Paulus beschreibt die Früchte des Geistes: Liebe, Freude, Friede, Langmut und Barmherzigkeit sind solche Früchte oder Erkennungszeichen für das Wirken des Geistes Gottes. Ob diese Früchte in uns zu finden sind?

14. Beten im Heiligen Geist

Wenn ich in einer besonders guten Stunde des Gesprächs jemanden fragen kann: „Du, wie geht es dir mit dem Beten?“, dann höre ich eigentlich nie die Antwort: „Gut“. Wir alle wissen oft nicht, wie wir beten können und sollen. Das Problem ist älter als die Christenheit. Auch Paulus tröstet die Gemeinde in Rom: Der Geist nimmt sich unserer Schwachheit an und tritt für uns ein. All unser Beten geschieht also durch den Heiligen Geist. Auch in diesem Gottesdienst wollen wir uns ihm vertrauensvoll öffnen.

15. Die Gaben des Geistes

In der Firmung haben wir die Gabe des Heiligen Geistes empfangen und sind mit allen Rechten und Pflichten Mitglieder der Kirche in unserer Gemeinde vor Ort. In unserem Alltag ist es oft schwer, diesen einmal geschenkten Heiligen Geist immer wieder neu zu erfahren. Der Heilige Geist spiegelt sich sozusagen in seinen Gaben von Rat und Stärke, Einsicht und Erkenntnis, Frömmigkeit und Gottesfurcht. Bitten wir Gott, daß wir immer wieder sensibel werden für diese Gaben, die uns füreinander geschenkt sind.

Sonntage im Jahreskreis

16. Sonntag nach Fronleichnam

Mit diesem Sonntag verlassen wir nun endgültig die Zeit der hohen Feiertage des Kirchenjahres. Die grüne Farbe der liturgischen Gewänder zeigt uns an, daß das „Normale" wieder seinen Platz hat. Das heißt aber nicht, daß diese sog. „Zeit im Jahreskreis" weniger wichtig ist, sondern: Jetzt muß sich in unserem Leben zeigen, was wir durch die Festtage der vergangenen Zeit gefeiert haben – nämlich, daß dieser Gott, der uns in Jesus Christus erlöst hat, auch heute noch nahe ist mit seiner Kraft, dem Heiligen Geist, und in unserem Leben eine Wirklichkeit ist.
Zu Beginn unseres Gottesdienstes wollen wir uns überlegen, wo wir Gott erfahren können in unserer Welt, und ihn mit dem Kyrie-Ruf in unsere Mitte bitten.

17. Mitten unter uns

Wo zwei oder drei in meinem Namen versammelt sind, da bin ich mitten unter ihnen. Im Wort der Heiligen Schrift, im Brot des Lebens beim heiligen Mahl, nicht zuletzt in der Gemeinde, die sich in seinem Namen versammelt.
Wir sind der Leib Christi. Wenn ein Glied, einer aus unserer Gemeinschaft, leidet, leiden alle mit. Keiner kann hier dem anderen gleichgültig sein.
Als Kirche der Heiligen und der Sünder bitten wir um Gottes Erbarmen.

18. Gottes Dienst

Wir sind zusammengekommen, um Gottesdienst zu feiern. Das Wort Gottesdienst deuten wir meist so: Wir erweisen Gott einen Dienst, indem wir in die Kirche gehen, gemeinsam mit anderen Gott loben und preisen. Doch im Grunde ist es umgekehrt: Gott erweist uns hier einen Dienst. Und dies ist Gottes Dienst an uns: Durch seine frohe Botschaft stärkt er unseren Glauben und macht uns Mut zum Leben, im heiligen Mahl schenkt er uns Kraft zum inneren Wachstum. Für diesen Dienst Gottes an uns wollen wir uns bereiten.

19. Sonntag

Wir feiern wieder einmal Sonntag, indem wir uns zum Gottesdienst versammeln. Das sonntägliche Treffen der Gemeinde Jesu geht auf jenen Sonntagmorgen zurück, als die Frauen das Grab Jesu leer fanden und er sich ihnen offenbarte. Am Sonntag darauf traf Jesus die Zwölf und überzeugte dabei Thomas, daß er wirklich lebe. Der Sonntag wurde den Jüngern so wichtig, daß sie stets an diesem Tag zusammenkamen, um das Brot zu brechen, sein Wort zu hören und so Gemeinschaft mit Ihm zu erfahren. Wir wollen still werden und uns besinnen, daß der auferstandene Herr bei uns ist.

20. Feier unseres Lebens

Wir kommen aus verschiedenen Lebensbereichen zusammen, um miteinander Gottesdienst zu feiern. Wir waren

verschiedensten Einflüssen ausgesetzt: Schule, Beruf, Familie, Werbung, Radio und vieles mehr.
Geben wir da der Kraft und dem Geist Gottes genug Raum in uns, damit wir nicht den negativen Einflüssen der Sünde unterliegen?

21. Begegnung mit Jesus

Wenn wir zu diesem Gottesdienst gekommen sind, haben wir bereits unsere Pflichten ein Stück weit hinter uns gelassen. Wir dürfen nun ganz frei werden für die Begegnung mit Jesus, auf unser Herz achten und uns von der Liebe leiten lassen, so wie Jesus es selbst getan hat.

22. Dienst

Wir feiern jetzt Gottesdienst, also Gottes Dienst an uns, wie wir Christen es verstehen dürfen, und wir können feiern, obwohl es Armut und Not unter uns gibt, denn auch darin will Gott uns sein Angesicht zeigen. Wie weit wir ihn darin erkannt haben, können wir am Maß unserer Hilfsbereitschaft am rechten Ort ablesen.

23. Maria – Muttertag – Mutter

Wir sind zusammengekommen, um gemeinsam Gottesdienst zu feiern. Wir – das ist die Familie Gottes, zu der wir alle gehören.

Es sind ganz verschiedene Faktoren, die eine gute Familie ausmachen. Die Mutter gibt der Familie oft den nötigen Zusammenhalt, die Mitte, die Geborgenheit.
In diesem Gottesdienst wollen wir uns Gedanken machen um das Mütterliche in der Welt.
Maria, die Mutter Jesu, kann uns dabei in vielem als Vorbild dienen. Ihr Leben ist ein Beispiel dafür, wie auch wir unsere mütterlichen Züge leben können.

24. Heilige – Heil in der Welt

Wir alle wünschen uns, daß es uns gutgeht und daß unser Leben einen Sinn hat. Die „heile Welt" oder – wie es die Bibel nennt – das Reich Gottes ist eine geheime Sehnsucht von fast allen Menschen in allen Zeiten. Manche haben viel von dieser heilen Welt sichtbar gemacht. Diese Menschen nennen wir Heilige, weil sie Heil geschaffen haben in ihrer Zeit.
Es gibt große, bekannte Heilige; und es gibt die vielen kleinen, weniger bekannten Heiligen. Aber vor allem gibt es auch Heilige in unserem Leben, und vielleicht kann jeder von uns zu einem Heiligen werden, durch den unsere Welt ein Stück heiliger und heiler werden kann.

3. Bußakt, Kyrie und Gloria

„Wo Menschen sind, da menschelt es“, sagt das Sprichwort. Belastende Situationen aus der Vergangenheit behindern ein offenes und freies Miteinander. Darum tut es auch am Beginn des Gottesdienstes not, einander und Gott die Unzulänglichkeiten und die Schuld zu bekennen.
Das Kyrie (Herr, erbarme dich) ist ursprünglich der Huldigungsruf nach der Vergebungsbitte: Ja, Herr, du hast dich unser erbarmt! Daher sind zum Kyrie nicht Schuldbekenntnissätze, sondern lobpreisende Bekenntnissätze angebracht.
Der liturgische Ort von Bußakt und Kyrie ist am VorsteherInnensitz oder, falls räumlich erforderlich, am Ambo.
Nach dem Kyrie folgt außer im Advent und in der österlichen Bußzeit das Gloria.
Das Gloria ist das große Lobgebet der Kirche, dessen erster Satz das Loblied der Engel auf den Fluren Betlehems über die Geburt Jesu aufgreift.
Seinen Platz im Gottesdienst hat das Gloria nach dem Kyrie, weil wir dann alle Grund haben, unseren Gott zu loben, der immer neu Erbarmen mit uns hat und Schuld vergibt.
Da dieser Zusammenhang im Ablauf der Liturgie wenig klar ist, empfehlen sich ein paar überleitende Worte. (Z.B.: Befreit von unserer Schuld, dürfen wir nun gemeinsam unseren Gott loben.)
Der Jubelcharakter des Gloria kommt gesungen besonders gut zur Geltung. In den ernsten und besinnlichen Zeiten des Kirchenjahres, in Advent und österlicher Bußzeit, verzichten wir auf den jubelnden Lobpreis des Gloria.
Der liturgische Ort des Gloria ist für alle das freie Stehen am eigenen Platz.

3

Überleitung zum Schuldbekenntnis / Kyrie

1.

Überlegen wir uns, wie offen unsere Augen und Ohren, unser Herz füreinander und für Gott waren.

Ich bekenne ...

2.

Wir wollen bekennen, daß wir uns immer wieder der Kraft Gottes verschließen, das Gute nicht sehen und nicht tun.

Ich bekenne ...

3.

Halten wir einen Moment inne und bekennen wir dann, wo wir schuldig geworden sind, weil wir unsere Hoffnung zu wenig auf Gott gesetzt haben.

Ich bekenne ...

4.

Bedenken wir zu Beginn dieses Gottesdienstes, wie sehr unser Herz an Gott hängt und ob wir auf dem Weg unserer persönlichen Nachfolge Jesus treu geblieben sind.

Ich bekenne ...

5.

Fragen wir uns, wie ansprechbar wir sind, wenn uns jemand um Hilfe bittet, und ob wir so leben, daß es anderen leichtfällt, uns anzusprechen.

Ich bekenne ...

3

und/oder:

V./A.: Herr, erbarme dich ...

6.

Halten wir nun Gott im Glauben und Vertrauen alles hin, was Heilung braucht.

V./A.: Herr, erbarme dich ...

7.

Vertrauen wir dem Herrn unser ganzes Leben an, zu dem auch unsere Schuld gehört, und bitten wir ihn um sein Erbarmen:

V./A.: Herr, erbarme dich ...

8.

Herr Jesus, du lehrst uns, darauf zu achten, was in unserem Herzen ist:

V./A.: Herr, erbarme dich.

Christus, bei dir kommt es auf den Glauben an, der in der Liebe wirksam ist:

V./A.: Christus, erbarme dich.

Herr Jesus, du hast uns zur Freiheit der Kinder Gottes befreit:

V./A.: Herr, erbarme dich.

9.

Gott, du bist in Jesus Mensch geworden, um uns ganz zu verstehen:

V./A.: Herr, erbarme dich.

Du zeigst uns den Vater:

V./A.: Christus, erbarme dich.

Du führst uns als ein Volk zusammen:

V./A.: Herr, erbarme dich.

10.

Herr, unser Gott, unsere Welt ist oft so gottlos, weil wir Menschen nur an uns selbst und unseren eigenen Vorteil denken. Deshalb rufen wir:

V./A.: Herr, erbarme dich.

Unser Leben kreist um alles mögliche, und wir sind von vielen Dingen besetzt, so daß uns oft die Mitte und die Ruhe fehlt. Deshalb rufen wir:

V./A.: Christus, erbarme dich.

Wir hoffen, daß unsere Gottesdienste und Gebete uns näher zu dir und zueinander bringen, damit wir in unseren Beziehungen deine Liebe erkennen. So rufen wir:

V./A.: Herr, erbarme dich.

Allmächtiger Gott, wenn du bei uns bist, können wir leben. So nimm jetzt von uns alles weg, was uns hindert, zu dir zu kommen. Laß Schuld und Sünde keine Macht mehr über uns haben, und nimm uns als deine Kinder an durch Christus, unseren Herrn. Amen.

11.

Gott hat durch den Tod und die Auferweckung des geliebten Sohnes die Welt mit sich versöhnt und den Heiligen Geist gesandt zur Vergebung der Sünden.

Durch den geschwisterlichen Dienst aneinander erweisen wir uns als Gottes Volk und Christi Kirche. So schenke Gott uns Verzeihung, Kraft und Shalom.

Wir dürfen einander sagen:
Gott nimmt dich an, so wie du bist:
mit all deiner Freude und Hoffnung,
mit all deiner Trauer und Angst.

V./A.: Herr, erbarme dich.

Du darfst alle – auferlegte und selbst gewählte – Begrenztheit ausweiten, jegliche Überforderung hinter dir lassen und dich verletzlich zeigen.

V./A.: Christus, erbarme dich.

Werde allen, die dir anvertraut sind, zum faszinierenden Zeichen der heilenden Gegenwart Gottes.

V./A.: Herr, erbarme dich.

Damit unsere Augen die zärtliche Schönheit Gottes widerspiegeln und unsere Hände behutsam die Welt begreifen können, möge Gott unser Denken klärend ordnen, uns schmerzlich-schöne Worte in den Mund legen und der tiefsten Sehnsucht unseres Herzens entgegeneilen.

Diese Fülle an Leben gewähre uns der dreieinige Gott, die schöpferische, erlösende und vollendete Liebe *(oder:* die kreative, leidenschaftliche und inspirierende Liebe). Amen.

12.

Jahwe hat durch den Tod und die Auferweckung des geliebten Sohnes sich dem Kosmos zugewandt
und seinen Geist gesandt, die Gegensätze zu einen.

Durch den Dienst aneinander erweisen wir uns
als geschwisterliche Kirche Jesu Christi.
So schenke Jahwe uns Verzeihung, Dynamik und Shalom.

Wir dürfen einander beteuern:
Gott sehnt sich nach dir, so wie du bist –
mit all deiner Freude und Hoffnung,
mit all deiner Trauer und Angst.

V./A.: Kyrie, eleison.

Gott nimmt dich an, gerade auch,
wenn es uns schwerfallen sollte.
So kannst du deine Begrenztheit

– ob auferlegt oder selbst gewählt – überwinden,
deine Überforderung zurücklassen und
deine Verletztheit vertrauensvoll offenbaren.

V./A.: Christe, eleison.

Werde für alle, die dir anvertraut sind,
zum Zeichen der heilenden und heiligenden Gegenwart
Gottes, unserer Lebensenergie.

3

V./A.: Kyrie, eleison.

Damit unsere Augen die liebevolle Güte Gottes ausstrahlen
und unsere Hände zartfühlend die Welt berühren können,
möge Gott unser Denken in schöpferische Bahnen lenken,
uns befreiende Worte auf die Lippen legen und
die tiefste Sehnsucht unseres Herzens an ihr Ziel
gelangen lassen.

Die Fülle der Lebendigkeit gewähre uns der dreieinige Gott,
die alles verzehrende, läuternde und erhellende Liebe.
Amen.

Überleitungen zum Gloria

13.

Herr, du bist ein verzeihender Gott, darum loben und preisen wir dich:

14.

Gott, du befreist uns wieder neu von der Verstrickung in Sünde und Schuld. Dir gilt unser Lob(lied):

15.

(Besonders in der Osterzeit)

Wir loben den Gott unseres Lebens, der sich unser erbarmt hat und uns unvergängliches Leben schenkt:

3

4. Tagesgebete

Das Tagesgebet, das auch Kollektengebet genannt werden kann, sammelt alle Anliegen der Gottesdienstgemeinde und richtet sie durch Christus, unseren Herrn, an Gott.
Nach der Gebetsaufforderung (Lasset uns beten!) gewährt man in einer Zeit der Stille jedem einzelnen die Möglichkeit, seine Gebetsanliegen für sich zu bedenken.
Das Gebet faßt die (unausgesprochenen) Bitten der Gemeinde zusammen. Die Gemeinde antwortet mit „Amen".
Der/die GottesdienstleiterIn steht dem Gebet an seinem/ihrem Platz vor. Die urchristliche Orantenhaltung ist bei den Gebeten die auch für Laien angebrachte Gebetshaltung.

Advent

1.

Guter Gott,
wir haben den Advent begonnen
und wollen uns auf die Ankunft Jesu
in unserem Leben vorbereiten.
Hilf uns, daß wir ihm entgegengehen
und als gute Menschen in dieser Zeit leben,
damit auch wir einen Platz erhalten in deinem Reich.
Darum bitten wir dich durch unseren Herrn
und Bruder Jesus Christus.

2.

Allmächtiger und barmherziger Gott,
wir sind auf dem Weg zu dir.
Laß uns in dieser Zeit des Advents
offen sein für die Zeichen deiner Gegenwart,
damit wir Jesus in unserem Leben erfahren
und ihm entgegengehen.
Darum bitten wir durch ihn, unseren Bruder und Herrn.

3.

Barmherziger Gott,
sieh gütig auf dein Volk,
das die Ankunft des Messias erwartet.
Mache uns bereit, daß wir das

Fest der Geburt Jesu freudig erwarten,
damit Weihnachten für uns ein Tag
der Hoffnung und der Freude werde.
Darum bitten wir durch Christus, unseren Herrn.

4.

Allmächtiger Gott,
gieße deine Gnade in unsere Herzen ein.
4 Durch die Botschaft des Engels
haben wir die Menschwerdung Christi,
deines Sohnes, erkannt.
Führe uns durch sein Leiden und Kreuz
zur Herrlichkeit der Auferstehung.
Darum bitten wir durch ihn, Jesus Christus.

Oration zum Engel des Herrn

5.

Guter Gott,
durch deinen Engel hast du der Menschheit
die Botschaft der Geburt deines Sohnes gesandt.
Schenke auch uns Zeichen deiner Gegenwart,
damit wir die Engelsbotschaften in unserem Leben erkennen.
Darum bitten wir durch Jesus Christus.

Weihnachten

6.

Guter Gott,
Jahr für Jahr feiern wir das Weihnachtsfest
als den Anfang unserer Erlösung.
Laß uns Jesus aufnehmen als unseren
Retter und Heiland
und ihn in allen Menschen erkennen,
damit wir ihm entgegengehen können,
wenn er am Ende der Zeiten wiederkommt.
Er, der in der Einheit des Heiligen Geistes
mit dir lebt und liebt in alle Ewigkeit.

7.

Allmächtiger Gott,
in Jesus ist dein ewiges Wort Fleisch geworden,
um unser Leben zu erleuchten.
Laß uns in deinem göttlichen Licht leben,
damit in unserer Welt dein Reich sichtbar wird
und Friede und Heil für alle Menschen erfahrbar ist.
Darum bitten wir durch Christus, unseren Bruder und Herrn.

8.

Allmächtiger Gott und Herr,
heute hast du uns deinen Sohn Jesus geschenkt.

In ihm ist dein Wort auf unserer Welt Fleisch geworden, und wir können dich, den wahren Gott, in menschlicher Gestalt erfahren.
Laß uns Menschen teilhaben an der Gottheit deines Sohnes,
der in der Einheit des Heiligen Geistes
mit dir lebt und liebt in alle Ewigkeit.

4

Jahresschluß / Neujahr

9.

Gott, du selbst stehst über den Zeiten,
und doch schenkst du uns Zeit.
Blicke deshalb gerade jetzt auf uns,
weil uns in diesen Tagen besonders bewußt wird,
daß wir Menschen an die Zeit gebunden sind.
Nimm die vergangene Zeit, so wie sie war, an,
und schenke uns eine gute Zukunft im neuen Jahr.
Darum bitten wir dich, unseren Gott,
durch Jesus, unseren Bruder und Herrn.

10.

Gott, du Herr der Zeiten.
Du bist es, der uns die Zeit des vergangenen Jahres geschenkt hat.
Du warst bei uns auf unserem Lebensweg, als unser treuer Gott.

Führe uns auch weiterhin durch diese vergängliche Zeit,
bis wir einst zum unvergänglichen Leben bei dir gelangen.
Darum bitten wir dich durch Christus, unseren Herrn.

Fastenzeit

11.

Guter Gott,
die vierzig Tage des Fastens
geben uns Gelegenheit,
unser Leben zu überdenken.
Sei in dieser Zeit besonders bei uns,
damit wir uns gut auf das Osterfest vorbereiten können.
Darum bitten wir dich durch Christus, unseren Herrn.

12.

Gott, du schenkst uns deinen Geist,
damit wir unser Leben am Beispiel Jesu ausrichten können.
Laß uns in dieser besonderen Zeit
Schritte der Umkehr gehen,
Schritte, die dem Menschen helfen
und dein Reich in unserer Welt sichtbar werden lassen;
heute und alle Tage bis in Ewigkeit.

4

13.

In dieser österlichen Bußzeit richten wir
in besonderem Maße unseren Blick zu dir, o Gott.
Sieh deshalb auch auf uns und auf unser Bemühen,
durch Fasten näher zu dir zu kommen.
Schenke uns Bereitschaft zu Umkehr und echter Buße.
Darum bitten wir durch Christus, unseren Herrn.

14.

Guter Gott, dein Sohn Jesus hat uns in seinem Leben
ein Beispiel gegeben,
wie wir miteinander leben können.
Schenke uns in diesen Tagen der Vorbereitung
die rechte Sicht für unseren Mitmenschen,
und laß uns durch innere Umkehr und Besinnung
näher zu dir kommen.
Dich loben und preisen wir heute und alle Tage bis in
Ewigkeit.

15.

Allmächtiger Gott,
dein Wort ist eine Hilfe in unserem Dasein.
Laß uns deshalb dein Wort hören und danach leben,
damit wir fähig werden, deine Gegenwart zu erkennen.
Darum bitten wir dich durch Christus, unseren Herrn.

Karwoche

16.

Allmächtiger Gott,
dein Sohn Jesus hat in unserer Welt das Leid der Menschen kennengelernt
und auf sich genommen.
Er hat sein Kreuz getragen und alles ausgehalten.
Laß uns nach seinem Beispiel unser Leben aushalten,
daß wir dann auch mit ihm auferstehen können
zu einem neuen und besseren Leben,
das jetzt schon beginnen kann
und vollendet wird in deinem Reich der Ewigkeit.

Ostern

17.

Lebendiger Gott,
heute feiern wir den Sieg des Lebens über den Tod,
den du uns geschenkt hast durch deinen Sohn Jesus.
Sein Kreuz und Leid hast du verwandelt in Auferstehung und Liebe.
Laß auch uns zu Menschen werden,
die diese Wandlung erleben
und so gutes und ewiges Leben erhalten.
Darum bitten wir durch unseren Bruder und Herrn,
den auferstandenen Christus.

18.

Allmächtiger Gott,
durch unsere Taufe sind wir hineingenommen
in den Tod und die Auferstehung Christi.
Laß uns diese Wirklichkeit in unserem Leben erfahren
und so zu begeisterten Christen werden
und zu Zeugen für das Leben der Welt.
Darum bitten wir dich durch Jesus,
der heute vom Tod erstanden ist
und lebt in Ewigkeit.

Pfingsten

19.

Gott, du bist Geist,
Geist unseres Daseins,
Geist unseres Lebens.
Laß uns dich erkennen,
laß uns dich spüren,
heute, in dieser Stunde,
und alle Tage unseres Lebens
bis in Ewigkeit.

20.

Heiliger Geist,
komm auf uns herab und begeistere uns,
damit wir in unserer Welt leben und handeln

und damit unsere Welt erfüllt wird
von deiner Liebe.
Denn durch dich können wir leben,
Geist Gottes, Geist Jesu, Heiliger Geist.

21.

Komm, Heiliger Geist,
komm in unsere Mitte,
sei du bei uns.
Wir brauchen dich.
Brich alle Enge in uns auf,
lehre uns, was wir tun sollen,
weise uns, wohin wir gehen sollen,
zeige uns, worauf es ankommt.
Mit dir wird unser Leben gelingen.

Im Jahreskreis

22.

Allmächtiger Gott,
am Sonntag feiern wir unser Leben im Gottesdienst,
weil es der Tag ist, an dem du deinen Sohn Jesus
aus dem Tod zum Leben geführt hast.
Laß auch uns immer wieder den Sonntag als den Tag erfahren,
an dem wir Kraft und Hilfe für unser Leben finden.
So bitten wir dich, unseren Gott,
durch Jesus, unseren Bruder und Herrn.

4

23.

Guter Gott,
Sonntag für Sonntag versammeln wir uns als deine Gemeinde von N.
Wir denken daran, daß du uns erschaffen und uns erlöst hast durch den Tod und durch die Auferstehung Christi.
Laß uns deshalb jetzt diesen Gottesdienst feiern
als Abbild unseres Lebens und unseres Glaubens.
Schenke uns deine Gegenwart, heute und alle Tage bis in Ewigkeit.

24.

Gott,
an jedem Sonntag, so auch heute,
hören wir deine Geschichte mit uns Menschen.
Laß uns erkennen, daß diese Geschichte in unserer Zeit
weitergeht und auch heute noch Höhepunkte findet,
dort, wo Menschen dich erkennen.
Schenke uns in dieser Feier solche Erfahrungen deiner Gegenwart,
daß wir dich loben und preisen heute und in Ewigkeit.

Für Kinder

25.

Lieber Vater,
Jesus hat ganz besonders die Kinder in den Mittelpunkt gestellt.
So wollen wir heute mit unseren Kindern und für sie diesen Gottesdienst feiern.
Laß uns dabei neu bewußt werden, daß wir alle
– auch die Großen – deine Kinder sind
und dich Vater nennen dürfen.
Darum bitten wir dich, unseren Vater,
durch unseren Herrn und Bruder Jesus Christus,
heute und alle Tage bis in Ewigkeit.

26. Weihnachten

Lieber Gott,
wir feiern den Geburtstag von Jesus.
Deshalb freuen wir uns.
Er ist als kleines Kind in Betlehem geboren
und ist für uns der Heiland.
Mach uns froh über seine Geburt,
und laß uns als Geschwister von Jesus
gut miteinander leben.

27. Besonders Erstkommunion

Guter Gott,
heute kommen besonders die (Kommunion-)Kinder in unserer Gemeinde zu dir.
Schenke ihnen ein offenes Herz, damit du in ihrem Leben Kreise ziehen kannst,
und hilf, daß sie an uns sehen können, wie Christen leben und handeln.
Darum bitten wir dich durch Jesus, der sich uns im Brot des Lebens schenken will.

28. Geist, Firmung

Gott, Heiliger Geist,
du hast am Pfingstfest deinen Jüngern deine Kraft geschenkt.
So sind sie mutig und begeistert für dich und deine Botschaft eingetreten.
Schenke uns in diesem Gottesdienst wieder neu deinen Geist,
damit er auch uns begeistert.
Darum bitten wir dich durch unseren Herrn und Bruder Jesus Christus.

29.

Guter Gott,
dein Geist hat an Pfingsten Bewegung in die Jünger gebracht.
Sie konnten nicht mehr ein- und abgeschlossen bleiben,
sondern mußten hinaus und laut von Jesus erzählen.

Wir bitten dich,
schenke auch unserer Gemeinde diesen Geist,
daß er Bewegung in unsere Gemeinde und in die gesamte Kirche bringt
und neue Begeisterung weckt.

30. Frieden

Guter Gott,
wir wollen in diesem Gottesdienst ganz besonders für den Frieden beten.
In der Welt gibt es viele Kriege und viel Streit zwischen Völkern, Nachbarn und Geschwistern.
Deshalb bitten wir:
Zeige uns Möglichkeiten, wie wir mit dem Frieden beginnen können,
damit unsere Welt ein wenig besser wird.

31.

Gott,
überall in der Welt herrschen Krieg und Haß.
Ständig lesen und hören wir von neuen Kriegen und Unruhen.
Wir sehnen uns nach Frieden.
Deshalb sind wir zu dir gekommen,
um dich um deinen Frieden für uns zu bitten.
Mach unsere Herzen und Hände offen,
damit wir deinen Frieden empfangen können.
Darum bitten wir dich durch unseren Herrn und Bruder Jesus Christus,
der sich radikal für den Frieden eingesetzt hat.

4

32. Gerechtigkeit

Guter Gott,
Gerechtigkeit wird in unserer Zeit großgeschrieben,
und dieses Schlagwort ist in aller Munde.
Trotzdem erfahren wir immer wieder Ungerechtigkeit in unserem Leben.
Öffne unsere Augen und unser Herz, damit wir sehen, spüren und hören,
wo deine Gerechtigkeit uns entgegenkommt.
Darum bitten wir dich durch Jesus, unseren Herrn,
der gerecht war und ist, heute und alle Tage bis in Ewigkeit.

Wortverkündigung

An dieser Stelle des Gottesdienstes steht die Verkündigung des Wortes Gottes aus der Heiligen Schrift.
Die angestrebte Form der Sonntagsliturgie umfaßt mit dem Evangelium drei Lesungen gemäß der Leseordnung des jeweiligen Lesejahrs.
Lesungen und Evangelium werden am Ambo aus dem Lektionar verkündet.

5. Überleitung zur Kommunionfeier

Damit die zwei Gottesdienstteile Wortgottesdienst und Kommunionfeier nicht unvermittelt nebeneinanderstehen, ist es sinnvoll, ein oder zwei Sätze zur Überleitung zu sagen. Das ist besonders für eine Gemeinde hilfreich, die sich neu auf diese Gottesdienstform einlassen muß, denn bis zu diesem Teil des Gottesdienstes blieb die gewohnte Form erhalten.
Bis jetzt ging es um die Gegenwart Gottes im Wort der Schrift, jetzt geht es um die Gegenwart Gottes im eucharistischen Brot. Es gilt, innezuhalten und sich bewußt auf diese neue Gegenwartsweise Gottes einzulassen.
Der/die GottesdienstleiterIn tritt an oder vor den Altar, wenn er/sie zur Kommunionfeier überleitet und die Gemeinde einlädt. Dann geht er/sie – während die Gemeinde ein Sakramentslied singt – zum Tabernakel und bringt das eucharistische Brot zum Altartisch. Hier ist eine Kniebeuge ein angemessenes Zeichen der Verehrung.
Die MinistrantInnen können den Beginn dieses Teiles mit einem Glockenzeichen/Schellen markieren.

1.

Wir haben das Wort Gottes, ein Lebens-Wort, gehört. Als Zeichen seiner besonderen Liebe und Nähe schenkt sich Christus im heiligen Brot, das wir empfangen können.

2.

Wir haben Gottes Wort gehört. Nun dürfen wir der Einladung folgen: Kommt alle zu mir, die ihr mühselig und beladen seid, ich nehme euch an. Bei mir könnt ihr Ruhe finden. Im heiligen Brot will Christus uns Speise sein für unseren Alltag.

3.

Wir haben das Wort Gottes gehört. Nun können wir auch den Leib unseres Herrn Jesus Christus empfangen, der im eucharistischen Brot gegenwärtig ist.

4.

Jesus Christus ist in unserer Gemeinde gegenwärtig durch sein Wort und im eucharistischen Brot. So können wir nun Kommunion feiern – Gemeinschaft mit Gott und untereinander.

5.

Wir sind in dieser Stunde nicht nur Hörer des Wortes, sondern auch Gäste am Tisch des Herrn. Er lädt uns alle ein, damit wir gemeinsam Mahl halten können. Wir wollen nun das eucharistische Brot, den Leib unseres Herrn und Bruders Jesus Christus, in unsere Mitte holen und uns auf seinen Empfang vorbereiten.

6.

Wir haben uns durch Gottes Wort den Weg weisen lassen. Er selbst will uns für diesen Weg stärken in der Mahlgemeinschaft mit Jesus Christus, der sich uns zur Speise gibt.

7.

Nachdem wir uns am Tisch des Wortes haben sättigen lassen, wollen wir uns nun um den eucharistischen Tisch versammeln. Jesus schenkt uns so besonders nahe Gemeinschaft mit ihm und untereinander.

6. Preisgebete

Mit dem eucharistischen Gebet wird Christus gepriesen, der jetzt im heiligen Brot, das bei der Feier der Eucharistie bereitet wurde, vor den Augen symbolhaft sichtbar ist.
Dieses Gebet, das je nach dem Anlaß des Gottesdienstes gestaltet sein kann, bringt den Dialog Gottes mit den Menschen durch das Er-innern der Heilsgeschichte zum Ausdruck.
Durch dieses Gebet wird ein enger Zusammenhang zur Eucharistiefeier der Kirche hergestellt. Denn die Kommunionfeier im Wortgottesdienst wäre ohne vorausgegangene Meßfeier nicht möglich, durch welche der Gemeinde die dauernde sakramentale Gegenwart Jesu geschenkt wird. In diesem Handeln wird der enge Bezug der Wortgottesdienst feiernden Gemeinde mit der gesamtgemeindlichen und universalen Struktur der Kirche deutlich. Jede Gemeinde steht in Communio mit einer anderen, die zur selben Zeit die heilige Messe feiert.
Das eucharistische Preisgebet kann vom Gottesdienstleiter/der Gottesdienstleiterin vorgebetet bzw. dialogisch mit der Gemeinde geführt werden (Akklamationen). Dabei steht der/die GottesdienstleiterIn vor dem Altar zusammen mit den weiteren liturgischen DienstträgerInnen (Lektor, Kantor, Kommunionspender), um die Tischgemeinschaft zum Ausdruck zu bringen. Die Gemeinde kniet oder steht während dieser Anbetungsphase.
Das eucharistische Preisgebet kann in mehreren Teilen gebetet werden, die durch entsprechende Lieder unterbrochen sein können. Es schließt mit dem Lobpreis, der Doxologie.

6

Advent

1.

Ruf der Gemeinde (A.): Wir erwarten dein Kommen in unsere Welt.

Guter Gott, im Advent warten wir auf dein Kommen in unsere Welt. So wie die Propheten vor vielen Jahrhunderten angekündigt haben, daß dein Messias kommt, erwarten auch wir heute dein Kommen in unsere Welt.

A.: Wir erwarten dein Kommen ...

Du hast den Menschen im alten Bund Zeichen deiner Gegenwart geschenkt, damit sie in Vertrauen und Hoffnung ihren Lebensweg gehen konnten. Auch wir suchen deine Zeichen in unserem Leben und sehnen uns nach deiner Gegenwart.

A: Wir erwarten dein Kommen ...

Wenn du in unserem Leben bist, erfahren wir Glück, Frieden und Heil. So bist du uns in Jesus Christus ein für allemal zum Heiland geworden. Deshalb bitten wir darum, daß auch wir erfahren und erleben, was es heißt, frei und erlöst zu sein.

A: Wir erwarten dein Kommen ...

Lied:

Ja, Gott, wir loben dich für Jesus Christus, der jetzt gegenwärtig ist in den Gestalten des eucharistischen Brotes.

Er ist der Heiland, auf den das Volk Israel gewartet hat; auf Jesus setzen auch wir unsere Hoffnung und bitten um seine Gegenwart.

A: Wir erwarten dein Kommen ...

Ihn, den Heiland und Erlöser, dürfen wir erfahren, wenn wir gemeinsam Gottesdienst feiern. Denn er hat uns seine Gegenwart angesagt.

A: Wir erwarten dein Kommen ...

Er hat mit den Menschen gelebt und ist für uns gestorben. Wir bekennen seine Auferstehung und glauben an seine Wiederkunft in unsere Welt.

A: Wir erwarten dein Kommen ...

Dann werden wir endgültig erlöst sein, und das Reich Gottes breitet sich weiter aus, wie es sich jetzt schon ausbreitet bei allen Menschen guten Willens.

A: Wir erwarten dein Kommen ...

So beten wir ihn an als Herrn unseres Lebens und Mitte unserer Gemeinde und Kirche. Wir preisen ihn mit allen Menschen, die mit uns glauben.

A: Wir erwarten dein Kommen ...

In Erwartung seines endgültigen Kommens preisen wir dich Gott, Vater unseres Herrn Jesus Christus, im Heiligen Geist. Amen.

2.

Guter Vater, wir stehen vor dir und danken dir,
daß du deinen Sohn zu uns auf die Welt gesandt hast.
Jesus wurde unser Bruder und hat uns durch sein Leben,
durch seinen Tod und durch seine Auferstehung
zu Gliedern seines Leibes gemacht.

Deshalb feiern wir diesen Gottesdienst am Sonntag *(am Vorabend des Sonntags),*
weil Christus heute von den Toten auferstanden ist.

Wir feiern unser Leben und unseren Glauben,
wir sagen dir unsere Sorgen und Nöte,
wir freuen uns über alles Gute und über die Liebe,
die du uns schenkst.

In dieser Adventszeit richten wir unsere Augen in besonderer Weise auf die Wiederkunft deines Sohnes und bereiten uns mit allen, die an Christus glauben, auf das Weihnachtsfest vor.

In deiner Liebe schenkst du uns und allen, die vor uns gelebt haben und jetzt schon in deinem Reich sind, eine Zukunft, in der wir Menschen mit allen Heiligen Anteil an deinem Leben haben.

Dafür loben und preisen wir dich durch unseren Herrn und Bruder Jesus Christus, jetzt und in Ewigkeit. Amen.

Weihnachten / Weihnachtszeit

3.

Gott, unser Vater,
wir danken dir, daß du uns hier in deinem Namen versammelt hast, um unser Leben zu erneuern und zu heiligen. Gerade in diesen Tagen, da wir die Menschwerdung deines Sohnes feiern, erfahren wir, wie sehr du uns als dein Volk liebst und uns deine Nähe schenkst. Du hast dich nicht gescheut, in unsere Welt dein rettendes Wort zu sprechen, denn du willst, daß unser Leben gelingt und zur Vollendung kommt. Du teilst unser Leben mit allen Höhen und Tiefen, in Freuden und Sorgen bist du bei uns.

6

In Jesus Christus, deinem Sohn und unserem Bruder, bist du uns nahe gekommen; er brachte uns deine Liebe und dein Heil. So hast du durch ihn gezeigt, daß du ein menschenfreundlicher Gott bist.

Guter Vater,
wir ehren dich als unseren heiligen Gott, der uns begleitet und seinen Sohn sandte, damit unser Leben durch seine Gegenwart geheiligt wird.
Er ward geboren inmitten der Menschen aus einer Frau.
Heute wirkt er unter uns durch seinen Heiligen Geist, der uns zu einer Gemeinschaft zusammenführt.

Bewahre du uns untereinander in der Gemeinschaft eines Sinnes und Herzens mit allen, die in unserer Gemeinde deine Liebe zu uns sichtbar machen.
Wir bitten dich für die vielen Menschen, die an dich und deinen Sohn glauben – für unsere Kinder, für unsere Familien, daß sie zu wirklichen Zellen deiner Liebe werden.

Gerade mit den Kranken und Sterbenden, den Einsamen und Hilflosen fühlen wir uns verbunden, denn für sie erhoffen wir die Sorge und die Nähe zu deinem Volk.
Stärke du sie mit deinem Heiligen Geist, und laß sie deine Gegenwart erfahren.

Nimm uns einst in deinem Erbarmen auf in die Gemeinschaft aller Heiligen – denn du bist barmherzig.
So bist du uns erschienen in Jesus Christus, deinem Sohn und unserem Bruder. Durch ihn selbst gibst du allen das Leben, durch ihn heiligst und beschenkst du uns.
Amen.

4.

Wir danken dir, guter Gott, für deinen Sohn Jesus Christus.
Er ist Fleisch geworden durch Maria, die Jungfrau.
Wir glauben, daß Jesus wahrer Gott und Mensch ist, und freuen uns über seine Geburt.

Er ist als Licht in unsere Welt gekommen,
damit wir dich, den wahren Gott, erkennen.

Er ist für uns das Licht,
das alle Finsternis hinwegnimmt
und uns führt auf dem Weg des Friedens.

Darum preisen wir dich, du großer Gott,
durch unseren Herrn Jesus Christus.
Amen.

5.

Guter Vater, wir stehen vor dir und danken dir,
daß du deinen Sohn in die Welt gesandt hast.
Jesus wurde für uns geboren als kleines Kind im Stall von Betlehem.
So hast du der Welt dein Heil geschenkt.

Darum laßt uns singen: (Liedruf, z.B. GL Nr. 152, 154)

So bist du, der ewige Gott, zu uns auf die Erde gekommen und hast unser Fleisch angenommen.
Jesus hat gelebt wie wir.
Er hat Freunde um sich gesammelt und hat ihnen vom Reich seines Vaters erzählt.

Darum laßt uns singen:

6

In besonderer Weise hat er sich um die Armen, Entrechteten und Unterdrückten gekümmert und wurde so zum Heiland der Welt.

Darum laßt uns singen:

Seine Botschaft haben die Menschen seiner Zeit nicht verstanden und haben ihn deshalb ans Kreuz schlagen lassen. Durch seinen Tod und seine Auferstehung hat er uns erlöst und uns zu Gliedern seines Leibes gemacht.

Darum laßt uns singen:

Wir denken jetzt an alle Menschen, die uns viel bedeuten,
an das, was uns froh und glücklich macht,
und sagen dir unsere Sorgen und Nöte,
weil wir glauben, daß du allezeit Heil schaffst.

Darum laßt uns singen:

Wir fühlen uns verbunden mit allen Menschen, die an Christus glauben und heute das Fest seiner Geburt feiern.
Mit ihm verherrlichen, verehren und preisen wir dich, den Herrn des Alls, den allmächtigen, ewigen Gott, durch deinen menschgewordenen Sohn Jesus Christus in der Gemeinschaft des Heiligen Geistes, jetzt und zu jeder Zeit. Amen.

Jahresschluß

6.

Lied:

Wir preisen dich, guter Gott.
Du bist immer bei uns, besonders wenn wir uns zum Mahl der Liebe um unseren Herrn und Bruder Jesus versammeln.
Wie den Jüngern von Emmaus deutet er uns die Schrift und bricht uns das Brot.
Deswegen gedenken wir immer wieder seines Todes und seiner Auferstehung.
Stärke uns durch die Teilnahme an diesem Mahl,
und schenke uns deinen Geist für unser Leben,
damit wir alle auch im kommenden Jahr mit Freude und Vertrauen den Weg der Hoffnung gehen.

Gott, wir danken dir, weil du uns erschaffen hast und uns ins Leben berufst. Du läßt uns nicht allein auf dem Weg. Immer bist du für uns da. Wie du das Volk Israel durch die Wüste geführt hast, begleitest du auch uns durch die Kraft deines Geistes. Dein Sohn bahnt uns den Weg durch die Zeit, bis wir bei dir sind.

So nimm unser Lob, das wir am letzten Abend dieses Jahres dir schenken. Amen.

Erscheinung des Herrn

7.

Wir danken dir, guter Gott, für Jesus, deinen Sohn,
der heute allen Menschen erschienen ist.
In ihm enthüllst du das Geheimnis unseres Heils,
heute offenbarst du das Licht der Völker.
Jesus ist als sterblicher Mensch auf Erden erschienen
und hat uns neu geschaffen im Glanz seines göttlichen Lebens.

Guter Gott, jedesmal wenn wir uns zum Gottesdienst versammeln, denken wir an Jesus Christus, deinen Sohn, der uns durch seinen Tod am Kreuz erlöst hat.
Wir bekennen seine Auferstehung und glauben, daß er jetzt zu deiner Rechten sitzt.
Wir erwarten voll Vertrauen sein Kommen in Herrlichkeit, bei dem wir die Früchte unserer Erlösung endgültig ernten.

In der Gestalt des Brotes ist Christus jetzt in unserer Mitte,
und wir feiern die Gemeinschaft mit ihm und untereinander.
Wir beten Jesus an und loben ihn mit der ganzen Kirche.

Schenke uns und allen Menschen guten Willens deinen Geist,
der uns deinen Sohn immer mehr als Licht der Völker erkennen läßt. Amen.

8.

Guter Vater,
wir stehen vor dir und danken dir,
daß du deinen Sohn zu uns auf die Welt gesandt hast.
Heute ist er als das göttliche Licht allen Völkern und Nationen erschienen.

Darum laßt uns singen: (Liedruf, z.B. GL Nr. 152 oder 153)

In Jesus ist dein Licht zu uns und allen Menschen auf der ganzen Erde gekommen. Er erleuchtet auch heute die Menschen und erhellt unsere Herzen.

Darum laßt uns singen:

Wie die Könige und Weisen sind auch wir gekommen,
um ihn anzubeten und zu verherrlichen.

Darum laßt uns singen:

An diesem Tag freuen wir uns besonders. Wir feiern dieses Fest als christliche Gemeinde von N. und denken an alle Menschen, die uns viel bedeuten, und an alles, was uns froh und glücklich macht.

Darum laßt uns singen:

Wir sagen dir unsere Sorgen und Nöte,
weil wir glauben, daß du allezeit Heil schaffst
durch deinen Sohn, unseren Herrn und Bruder,
der heute aller Welt erschienen ist,
dir zur Ehre und uns zum Heil.

Darum laßt uns singen:

Taufe des Herrn

9.

Guter Vater,
wir stehen vor dir und danken dir,
daß du deinen Sohn zu uns auf die Welt gesandt hast.
Heute denken wir daran, daß er sich von Johannes im Jordan taufen ließ.
Dein Heiliger Geist kam auf ihn herab und offenbarte so seine Gottheit.

In Jesus Christus hast du, Gott, allen Menschen das Heil geschenkt. Jesus hat gelebt wie wir und sich am Anfang seines öffentlichen Wirkens in die Schar der Büßer eingereiht.
So ist er besonders zum Freund der Armen, Entrechteten und Unterdrückten geworden.

6

Jetzt, bei diesem Gottesdienst, denken wir wieder an ihn, der uns durch seinen Tod am Kreuz erlöst hat.
Wir bekennen seine Auferstehung und glauben, daß er jetzt zu deiner Rechten sitzt.

In unserer Taufe sind wir ihm gleich geworden im Tod und hoffen, daß wir mit ihm auferstehen werden am Ende dieser Welt.

In der Gestalt des Brotes ist Christus jetzt in unserer Mitte, und wir feiern die Gemeinschaft mit ihm und untereinander.

Wir beten Jesus Christus an und loben ihn mit der ganzen Kirche.

Schenke uns und allen Menschen guten Willens deinen

Geist, der uns Christus als unseren Herrn und Bruder immer mehr erkennen läßt, zu deiner Ehre und Herrlichkeit.
Amen.

Palmsonntag

10.

Vater, wir danken dir für unser Leben, es ist ein Werk deiner Liebe.
Heute bedenken wir in besonderer Weise, wie dein Sohn Jesus Christus in Jerusalem eingezogen ist und vom Volk als König gefeiert wurde.
Er war ohne Sünde und hat sich der Sünder angenommen und für uns gelitten.
Er war ohne Schuld und hat sich ungerechtem Urteil unterworfen.
Sein Tod hat unsere Vergehen getilgt, seine Auferstehung unser Leben gewandelt.

Heiliger Gott, wir danken dir für die Botschaft von der Vergebung, die Jesus uns Menschen gebracht hat.
Er rief uns alle zur Umkehr, denn deine Herrschaft muß kommen.
Jesus war der gute Hirt, der dem verirrten Schaf nachging.
Er verkehrte mit Sündern und war bei Zöllnern zu Gast.

Bei seinem Einzug in Jerusalem war das Volk begeistert von Jesus und rief ihm zu:

V./A.: Hosanna dem Sohn Davids.

Auch wir als christliche Gemeinde sind begeistert von Jesus, weil er unser Bruder geworden ist und uns aus aller Schuld herausgeholt hat. Darum rufen wir:

V./A.: Hosanna dem Sohn Davids.

Durch sein Leben hat er uns gezeigt, wie wir leben sollen. Er hat uns ein Beispiel gegeben von der Liebe und Menschenfreundlichkeit unseres Gottes. Darum rufen wir:

V./A.: Hosanna dem Sohn Davids.

Jesus hat unser Menschsein auf sich genommen. Er hat gelebt wie wir und nicht haltgemacht vor den Sorgen und Nöten seiner Zeit. Auch in unseren Sorgen und Nöten ist er unser Helfer. Darum rufen wir:

V./A.: Hosanna dem Sohn Davids.

Um unserer Sünden willen ward er durchbohrt, der Menschen Verbrechen wegen wurde er zerbrochen und ans Kreuz genagelt.
Er ward gehorsam bis zum Tod, ja, bis zum Tod am Kreuz.
Aber du, o Gott, hast ihn erhoben und ließest ihn auferstehen aus dem Grab. Darum rufen wir:

V./A.: Hosanna dem Sohn Davids.

Gott, wir bitten dich:
Sende uns den Geist Jesu Christi jetzt in dieser Stunde,
damit unsere Schuld vergeben wird und wir eins sind in ihm.
Schenke uns durch Jesu Leib das ewige Leben,
das schon auf unserer Welt angefangen hat.

Gib uns einen neuen Geist, den Geist der Buße und Geduld.
Mach uns bereit, die eigenen Fehler zu erkennen und die der anderen zu vergeben.

Wir bitten dich für unsere Gemeinde und für die ganze Kirche überall auf der Welt.
Gib Weisheit und Kraft unserem Papst, unserem Bischof und allen, die in der Kirche leben und arbeiten.
Begleite alle Menschen, die an dich glauben, und zeige denen Wege zu dir, die dich suchen.

Wir denken auch an unsere Verstorbenen, die wir geliebt haben.

Mit deinem ganzen Volk, den Engeln und Heiligen, ja mit allen Menschen auf Erden bitten wir um deine Barmherzigkeit, wir neigen uns vor deiner Größe und sagen dir unseren Dank für die Erlösung deines Sohnes. Darum rufen wir:

V./A.: Hosanna dem Sohn Davids.

Ostern

11.

Lob, Jubel und Freude bringen wir dir, du großer Gott, besonders an diesem Tag *(in dieser Zeit),* an dem *(in der)* wir die Auferstehung Christi feiern: Christus, der Herr, hat den Schuldbrief gegen uns für immer vernichtet und das Böse überwunden: Die Liebe ist größer als unsere Schuld, das Leben ist mächtiger als der Tod. Christus, der Herr, lebt und stirbt nicht mehr; die Hoffnung ist stärker als die Vergänglichkeit.

Gott, unser Vater,
wir danken dir von ganzem Herzen, denn du hast uns zum Leben gerufen und willst, daß wir glücklich sind in Jesus, deinem Sohn. Wir danken dir im Blick auf Jesus Christus, deinen vielgeliebten Sohn.
Guter Vater,
so gedenken wir des Lebens, des Leidens, des Sterbens und der Auferstehung unseres Herrn Jesus Christus. Er ist unser Osterlamm, er ist unsere Versöhnung, er ist unser Friede.
In ihm gebührt dir, Gott, allmächtiger Vater, im Heiligen Geiste alle Ehre und Verherrlichung jetzt und in Ewigkeit. Amen.

12.

Gott, unser Vater, wir danken dir von ganzem Herzen, denn du hast uns zum Leben gerufen und willst, daß wir glücklich sind in Jesus, deinem Sohn.
Er ist die Offenbarung deiner Güte und deines Willens, uns Menschen zu retten. Er ist für uns das erlösende Wort, deine helfende Hand.
Wir können nicht mehr vergessen, wie er eins ward mit uns in Leiden und Tod, er, der ganz eins ward mit dir, da er kam, deinen Willen zu erfüllen. Unsere Last hat er getragen, seine Liebe ward uns zur Pflicht. Seinetwegen schulden wir dir Dank ein Leben lang.
Guter Vater, wir gedenken Jesu, deines Sohnes, seiner Hingabe in Leiden und Tod, des Sieges seiner Auferstehung und seiner Verherrlichung bei dir. Voll Vertrauen schauen wir aus nach dem Tag seiner Wiederkunft.
Sende uns jetzt, Vater, den Tröster und Helfer, deinen Heiligen Geist. Erfülle unser Herz mit dem Geist Jesu, rühre

uns an mit dem Feuer deines Geistes, daß wir einander näherkommen und uns stets besser verstehen.
In diesem Heiligen Geist gebührt dir, Gott, allmächtiger Vater, durch Jesus, deinen auferstandenen Sohn, alle Ehre und Verherrlichung jetzt und in Ewigkeit. Amen.

Pfingsten

13.

Großer Gott, mit deinem Geist sind wir beschenkt durch unsere Taufe und Firmung. Deshalb feiern wir auch jedes Jahr das Pfingstfest als Erinnerung an jenen Tag, an dem die Jünger den Heiligen Geist in ihrem Leben erfahren haben.
Durch denselben Geist machst du uns zu deinen Kindern und schenkst uns deine Liebe. Aus allen Völkern und Nationen rufst du uns zusammen und läßt uns Verständnis füreinander gewinnen und eins werden im Glauben.

Gott, du hast uns zusammengerufen als deine Gemeinde von N. Wir glauben, daß du jetzt bei uns bist. Deshalb bitten wir dich:

V./A.: Sende uns deinen Heiligen Geist.

Wir erinnern uns an die Taten, die du an deinem Volk vollbracht hast. Wir sehen die Schöpfung und erkennen darin deinen Willen. Wir bitten dich:

V./A.: Sende uns deinen Heiligen Geist.

Du hast deinen Sohn Jesus zu uns auf die Welt gesandt und

bist in ihm zum Bruder der Menschen geworden. Auch uns willst du heute der nahe Gott sein. So bitten wir dich:

V./A.: Sende uns deinen Heiligen Geist.

Jesus hat uns durch sein Leben gezeigt, wie wir gut miteinander leben können. In seinem Umgang mit den Menschen war dein Geist sichtbar, den auch wir in unserer Zeit nötig haben. Deshalb beten wir:

V./A.: Sende uns deinen Heiligen Geist.

Um die Welt zu befreien und uns Menschen zu erlösen, ist Jesus am Kreuz gestorben. Doch deine totenerweckende Kraft hat ihn herausgeholt aus dem Tod und ihn zum Herrn unseres Lebens gemacht. Um den Geist, der auch uns aus unserer Schwachheit herausholt, bitten wir dich:

V./A.: Sende uns deinen Heiligen Geist.

Ja, Gott, sende uns deinen Geist, der Tote zum Leben beruft, damit wir Gemeinschaft haben dürfen mit unseren Verstorbenen in deiner Herrlichkeit. So bitten wir dich:

V./A.: Sende uns deinen Heiligen Geist.

Schenke deinen Geist den Verantwortlichen in der Kirche, dem Papst, den Bischöfen, den Priestern und allen, die in der Kirche Verantwortung tragen. Laß uns alle zum Wohl aller Menschen zusammenarbeiten und einen guten Weg in die Zukunft für alle Menschen suchen und finden. Deshalb bitten wir dich:

V./A.: Sende uns deinen Heiligen Geist.

In der Gemeinde deines Sohnes, unseres Bruders Jesus Christus, seist du gepriesen, Herr, unser Gott, im Heiligen Geist, hier und jetzt und allezeit. Amen.

Im Jahreskreis

14.

Guter Gott,
jedesmal, wenn wir uns zum Gottesdienst versammeln, denken wir an Jesus Christus, deinen Sohn, der uns durch seinen Tod am Kreuz erlöst hat.
Wir bekennen seine Auferstehung und glauben, daß er jetzt zur Rechten Gottes sitzt.
Wir warten voll Vertrauen auf sein Kommen in Herrlichkeit, bei dem unsere endgültige Erlösung in Liebe geschieht.

In der Gestalt des Brotes ist Christus jetzt in unserer Mitte, und wir feiern die Gemeinschaft mit ihm und untereinander.
In unser Gebet schließen wir unsere Freunde ein,
die krank sind oder ein anderes Leid zu tragen haben.
Ihnen gilt unser christliches Mitsorgen.
Guter Vater, wir empfehlen dir auch alle Menschen, die schon gestorben sind und von denen wir hoffen, daß sie bei dir in deinem Reich sind.

Mit ihnen preisen wir dich, Vater, Herr des Himmels und der Erde, durch deinen Sohn, unseren Erlöser Jesus Christus, und durch den Heiligen Geist, den Tröster und Lebensspender, jetzt und immer. Amen.

15.

Gepriesen bist du, Herr, unser Gott,
du hast die Welt erschaffen mit all ihren Kräften und sie uns Menschen anvertraut,
daß wir sie bebauen, behüten und bewahren.

Ruf (GL 280): Preiset den Herrn, denn er ist gut.
A.: Danket dem Herrn, denn er ist gut.
(*oder* gesprochen: Wir loben dich.
A.: Wir preisen dich.)

Gepriesen bist du, Herr, unser Gott, Schöpfer der Welt.
Wir danken dir für das Brot,
die Frucht der Erde und der menschlichen Arbeit und Sorge.

Ruf: ...

Gepriesen bist du, Herr, unser Gott!
Wie das Brot, das wir brechen und teilen,
in den Körnern zerstreut war über die Felder
und nun zu einem geworden ist,
so laß unsere Familien und Gruppen,
unseren Ort und unsere Kirchen
zusammenwachsen zu echter Gemeinschaft.

Ruf: ...

Gepriesen bist du, Herr, unser Gott!
Wir danken dir vor allem für deinen Sohn, Jesus Christus,
der selbst das Brot des Lebens ist.
Er hat Brot gesegnet, es gebrochen und ausgeteilt
und den leiblichen Hunger vieler gestillt.
Am Abend vor seinem Leiden gab er sich selbst im Zeichen
des Brotes seinen Jüngern zur Speise.

Das Brot, das wir jetzt teilen,
gibt uns Gemeinschaft mit ihm,
dessen Leib für uns am Kreuz gebrochen wurde,
damit wir das Leben in Fülle haben.
Es eint uns mit ihm, der sich austeilte,

um den geistigen Hunger zu stillen,
den Hunger an Geborgenheit und Liebe,
nach Sinn und Leben.
Laß uns leben, Herr, unser Gott,
aus seiner Glut und aus seiner Kraft,
daß wir nicht nur an uns selbst denken, sondern an die,
die Hunger haben nach leiblichen und geistlichen Gütern.

Mach uns bereit, anderen zu helfen und geschwisterlich zu teilen.
Laß uns selber zu Brot werden, zur Nahrung für den Nächsten,
der unsere materielle Hilfe, unsere Zeit, unsere Zuwendung, unseren freundlichen Blick, unser mutmachendes Wort braucht.

So laßt uns, liebe Schwestern und Brüder,
bevor wir das Brot miteinander teilen und es essen,
beten mit den Worten Jesu, der selbst das Brot des Lebens ist.

Vater unser ...

16.

Guter Gott,
du hast deine Liebe an uns ganz deutlich zeigen wollen.
Darum hast du uns Jesus Christus gesandt.
Als Zeichen seiner nie endenden Liebe
hat er vor seinem Leiden und Sterben Brot genommen,
es gesegnet und sich selbst in diesem Brot in unsere Hände gegeben.
Wir denken gerne an diese Liebe und an Jesus, deinen Sohn.

Er weckt immer wieder in uns die Hoffnung und gibt uns Freude am Leben.
Aus den Zeichen seiner Freundschaft lernen wir Freundschaft und Verbundenheit mit den Menschen um uns.
Wenn wir nun dieses Brot, seinen Leib, entgegennehmen, dann vertreibe, was in uns finster ist, und laß das Gute in uns wachsen.
Mache uns dadurch bereit zu teilen, was wir selbst geschenkt bekommen haben.
Nimm von uns die Angst, dabei etwas zu verlieren, und die Sorgen, die unser Herz eng und kleinlich machen.
Schenke uns den Frieden und das Vertrauen, daß du das Geschick aller Menschen begleitest.
Gott, unser Vater, wir danken dir für Jesus, deinen Sohn, unseren Bruder und Herrn.
Er hat uns den Weg zu dir hin gezeigt und uns das Beten gelehrt.
So wollen wir Vater zu dir sagen und sprechen:

6

Vater unser ...

17.

Als Freunde deines Sohnes hast du uns hier versammelt, um in unserer Mitte zu sein. Für dieses Geschenk deiner Gegenwart wollen wir dir danken, denn du bist der Immanuel, der Gott-mit-uns.
Du begleitest unser Leben mit allen Höhen und Tiefen, in Freuden und Sorgen bist du bei uns.
Jesus, dein Sohn, hat uns dein Wort, deine Frohe Botschaft, gebracht. Er hat durch sein Leben und Sterben und Auferstehen gezeigt, daß du dein Volk nie vergessen hast.

So verehren wir dich als unseren heiligen Gott, der uns auf dem Weg durch die Zeit begleitet und durch wunderbare Zeichen sichtbar macht, daß er unter uns lebt. Wir spüren dich im Heiligen Geist, der uns zu einer Gemeinschaft zusammenführt, die sich verbunden weiß und deine Botschaft lebt und weitersagt.
Gerade mit den Kranken und Sterbenden, den Einsamen und Hilflosen fühlen wir uns verbunden, denn für sie erhoffen wir die Sorge und Nähe zu deinem Volk.
Für uns beten wir: daß wir einst zusammen mit Maria, der Mutter deines Sohnes, und mit allen Heiligen das Ziel unseres Lebensweges erreichen: die ewige Gemeinschaft mit dir.
Dort und hier loben wir dich in der Gemeinschaft des Heiligen Geistes durch unseren Herrn Jesus Christus. Amen.

18.

Barmherziger Gott, deine Liebe ist ohne Maß und ohne Ende.
Jeden von uns hast du gewollt und auf den Weg zum Leben gerufen. Unser Herz hast du angerührt, daß wir deine Stimme hören und verstehen, dich suchen und finden und in dir bleiben.
Zusammengeführt hast du uns, daß wir einander begleiten, stützen, helfen und ermutigen. Berufen und gesandt hast du uns, zu geben und weiterzusagen, was wir empfangen haben.
Dafür wollen wir dir danken, Herr, durch Christus, deinen geliebten Sohn.
In ihm sehen wir: Deine Liebe ist ohne Maß und ohne Ende.

Barmherziger und treuer Gott,
wenn wir uns als Gemeinde versammeln um deinen Altar, denken wir an Jesus, an sein Leben, an seine Art zu lieben, seine Hingabe – sein Sterben, an seine Auferstehung und seine Verherrlichung bei dir in deinem Reich.
In der Gestalt des Brotes wissen wir ihn jetzt in unserer Mitte.
Seinen Geist erbitten wir für uns,
seine Art zu lieben,
seine Freiheit und Hingabe.

Herr,
gib uns Augen,
daß wir die Zeichen der Zeit erkennen
und sehen, wo wir gebraucht werden.
Gib uns Ohren,
daß wir hören und verstehen,
wo du uns rufst.

Gib uns Hände,
die bauen an einer besseren Welt.
Gib uns Worte,
die eintreten für Gerechtigkeit und Frieden,
die Hoffnung schenken, trösten und ermutigen.

Herr,
mach uns zu einem lebendigen Zeichen deiner Liebe,
uns und alle, die auf dich hoffen,
deine Kirche,
die gemeinsam unterwegs ist zu dir.

Wir bitten dich auch für alle,
die vor uns diesen Weg gegangen und gestorben sind.
Wir vertrauen darauf,
daß sie in dir das Leben gefunden haben.

Wir bitten dich,
daß du auch uns auf unserem Weg begleitest,
bis wir in dir ans Ziel gekommen sind.
Dann werden wir dich sehen, wie du bist,
werden uns freuen für immer,
gemeinsam mit Maria, der Mutter deines Sohnes,
und mit allen, die du geheiligt hast,
durch Christus, unseren Herrn. Amen.

19.

Guter Gott,
wir danken dir, weil du Freude verkündet hast – auch für die Armen, die Abgeschriebenen, die Fremden, die Gescheiterten.
Wir freuen uns, daß es Ihn gibt, an dem wir ablesen können, wer du für uns sein willst.
Wir danken dir für Jesus von Nazaret, unseren Bruder und Freund, unseren Erlöser und Heiland.
Er ist gekommen, um uns zu helfen und zu heilen.
Er verdammte nicht, sondern half den Menschen, einen neuen Anfang zu machen, und gab ihnen Hoffnung, das Leben zu gewinnen.
Wir freuen uns, weil du durch ihn unsere Angst überwunden, weil du durch ihn unser Leben verändert hast durch seine Liebe und Treue.

Guter Gott,
wir schauen auf Jesus, wie er seinen Weg ging, als Einladung für andere.
Keinen Augenblick wich er ab von seinem Weg – von deinem Weg, auch dann nicht, als es ihn das Leben kosten sollte.

Guter Vater,
dankbar gedenken wir des Todes und der Auferstehung deines Sohnes.
Mach uns bereit und fähig, den Weg zu gehen, den er gegangen ist, auch wenn wir nicht wissen,
was uns dabei erwartet.
Laß Jesus auf diesem Weg bei uns sein,
bei allen Gliedern deiner Kirche,
bei allen Menschen, denen seine Botschaft galt und heute gilt.

Dir, dem Vater, unserem Gott, kommt Ehre zu und alles Lob durch Jesus Christus, deinen Sohn und unseren Herrn, in der Liebe des Heiligen Geistes – in dieser Zeit und für alle Zukunft. Amen.

Teilweise nach Diethard Zils

20.

Wir danken dir, guter Vater,
für das Brot, das jetzt auf unserem Altar steht.
In der Feier der Eucharistie ist es durch deinen Heiligen Geist
zum Leib Christi geworden,
in dessen Namen wir uns versammelt haben.
Er ist unser Weg zum Leben
und hat uns die Botschaft vom Reiche Gottes verkündet;
von einem Leben, das gut ist und das gelingt.

Gott,
du willst unser Leben in Fülle
und schenkst uns, was wir dazu brauchen.
Dein Heiliger Geist bringt Feuer deiner Liebe

auf unsere Erde und in unsere Beziehungen.
Dein Heiliger Geist treibt uns zum Guten,
damit wir unsere Welt gut gestalten können.
Diesen Geist spüren wir auch jetzt in unserer Mitte,
wenn wir miteinander beten, singen und feiern.

Jetzt denken wir besonders an das,
was Jesus für uns und unsere Welt getan hat.
Denn seine Worte und Taten gelten uns genauso
wie den Menschen seiner Zeit.
In ihnen liegt immer noch
Hoffnung, Liebe und Zuversicht.

Wenn wir leben, wie Jesus gelebt hat,
wird sich das Angesicht unserer Welt verändern,
werden wir das Heil schauen,
das er uns verheißen hat.

Dankbar nehmen wir schon jetzt teil
an der Gemeinschaft mit Gottes Welt
durch das eucharistische Brot.
Durch seinen Leib ist er selbst gegenwärtig in unserer Gemeinde.

Wir fühlen uns verbunden mit allen Getauften in der ganzen Welt und mit allen Menschen, die nach Gott suchen.

Mit ihnen und allen Menschen guten Willens loben wir dich, unseren Gott, und feiern unser Leben durch Christus, unseren Herrn.
Amen.

21.

(Singbar wir ein Psalm)
KV = GL 718 Psalmodie VI a: Der Herr ist mein Hirt; er führt mich an Wasser des Lebens!
(oder ein anderer Kehrvers)

Jesus Christus, wir preisen dich für deine Gegenwart,
du bist uns nah in den Zeichen von Brot und Wein.

Als Mensch hast du deinen Jüngern die Botschaft verkündet
und mit ihnen Mahl gehalten.

So bist du für sie der Herr geworden,
der mitten unter den Menschen ist.

KV: Der Herr ist mein Hirt ...

Auch uns schenkst du immer wieder deine Gegenwart,
in den eucharistischen Zeichen von Brot und Wein.

So bist du für uns der nahe Gott
und teilst dich mit in unserem Leben.

Deshalb loben und preisen dich die Menschen
inmitten deiner Gemeinde.

KV: Der Herr ist mein Hirt ...

Mit allen Christen auf der ganzen Erde
bekennen wir deine Gegenwart in diesem Brote.

Und feiern die Gemeinschaft aller Menschen guten Willens,
die du befreist und führst zu neuem Leben.

KV: Der Herr ist mein Hirt ...

22. Dreifaltigkeit

Würdig des Lobes aus jedem Munde, des Preises in allen Sprachen und der Anbetung und Verehrung durch alle Geschöpfe ist der Name der heiligen Dreieinigkeit und ungeteilten Einheit: des Vaters, des Sohnes und des Heiligen Geistes. Durch ihre Gnade ist die Welt erschaffen und der Mensch ins Leben gerufen worden. Durch ihre Gnade ist die Welt gehalten und der Mensch geführt und geliebt. Durch ihre Gnade wird die Welt neu und der Mensch vollendet in der Herrlichkeit.

Guter Gott,
als Schwestern und Brüder deines Sohnes hast du uns hier versammelt, um in unserer Mitte zu sein.
Für dieses Geschenk deiner Gegenwart wollen wir dir danken, denn du bist der Immanuel, der Gott-mit-uns. Du begleitest uns durch unser Leben und gehst mit uns die Wege des Alltags. In Sorgen und Nöten, in Freuden und Leiden bist du bei uns. Jesus, dein Sohn, der als Mensch und Gott unter uns gewohnt hat, hat uns Kunde gebracht von dir.
Er hat durch sein Leben, Sterben und Auferstehen gezeigt, daß du dein Volk nie vergessen hast.
In der Gestalt des Brotes ist Christus jetzt in unserer Mitte, und wir feiern die Gemeinschaft mit ihm und untereinander.
Wir beten Jesus Christus an und stimmen in das Lob der ganzen Kirche ein. Herrlichkeit und Macht, Ehre und Anbetung sei unserem Gott, der da war und ist und sein wird, von Geschlecht zu Geschlecht, in alle Ewigkeit. Amen.

6

23. Erntedank

Gott, unser Vater,
du hast uns zusammengerufen.
Wir sind hier und wollen dich loben und dir danken.
Wir wollen dich preisen und dir sagen:
Groß bist du, und wunderbar hast du alles gemacht.
Wir danken dir für die Schöpfung: für Sonne und Wasser und Luft, für Früchte und Kräuter, für Obst und Gemüse, für Korn und Wein.
Wir danken dir für Vögel und Fische, für Wild und Vieh.
Wir danken dir für Blumen und Unkraut, Wälder und Wiesen.
Wir danken dir für die Menschen, die uns beschenken und lieben, die unser Leben reich und glücklich machen.
Besonders danken wir dir für Jesus Christus, der uns die Botschaft deiner Liebe gebracht hat.
Um seinen Tisch sind wir nun versammelt und danken dir, Gott, für deine Schöpfung.

Dir, dem Vater, unserem Gott, kommt Ehre zu und alles Lob durch Jesus Christus, deinen Sohn und unseren Herrn, in der Liebe des Heiligen Geistes – in dieser Zeit und für alle Zukunft. Amen.

24. Heilige

Heute am Festtag des/der Heiligen N. feiern wir die Gemeinschaft von uns Menschen und Gott. In den Heiligen haben wir Zeichen unseres Erlöstseins und unserer Freiheit. Deshalb rufen wir:

> *KV:* GL 631 (beten oder singen:) Freut euch und jubelt, denn euer Lohn ist groß.

Von ihnen glauben wir, daß sie in ihrem Leben Gottes Heil sichtbar gemacht haben und daß sie jetzt bei Gott in seinem Reich sind.

KV: Freut euch ...

Auch wir wollen in unserem Leben Freiheit und Heil erfahren und erkennen im Leben, Sterben und vor allem im Auferstehen Jesu, daß uns Menschen diese Möglichkeit zu einem erlösten Leben geschenkt ist.

KV: Freut euch ...

Ihn, der jetzt gegenwärtig ist in unserer Mitte, beten wir an und danken ihm für sein Leben und seine Liebe zu uns Menschen. Jesus ist der Grund unserer Freude.

KV: Freut euch ...

Diese Freude wollen wir teilen mit allen Menschen auf der Welt, die die gleiche Sehnsucht und dieselbe Hoffnung haben wie wir. Wir freuen uns mit allen, die nach Gott suchen, und mit allen Christen aller Konfessionen.

KV: Freut euch ...

Wir denken jetzt auch an die Menschen, deren irdisches Leben schon vorüber ist und von denen wir glauben, daß sie in deiner ewigen Freude sind.

KV: Freut euch ...

Vater im Himmel, schenke uns und allen Menschen deinen guten Geist, der uns antreibt, heilig zu werden und zu dir zu kommen.
Darum bitten wir dich durch Jesus, unseren Herrn. Amen.

Meditative Gebete (zur Aussetzung)

25.

Gott unser Gott,

nicht unsichtbar für unsere Augen
in allem ganz tief verborgen,
im Zeichen des Brotes
unsagbar nah bei uns.

Dich beten wir an.

Gott unser Vater,

du hast uns gewollt
und deshalb die Schöpfung ins Leben gerufen
und willst durch Sohn und Geist
unseren Glauben stärken.

Dich beten wir an.

Gott unser Wort des Lebens,

du bist zu uns hinabgestiegen,
um brüderlich unter uns nahe
und allein in der Liebe unter uns
mächtig zu sein,
damit wir nicht mehr Knechte heißen,
sondern Freunde und Erben.

Dich beten wir an.

Gott unser heiliger und heilender Geist,

du atmest in uns und läßt uns aufatmen,
du löst uns von uns selbst

und führst uns zu den anderen
und dem ganz Anderen,
„damit wir nicht mehr uns selber leben,
sondern ihm, Jesus Christus,
der für uns
gestorben und auferstanden ist“.

Dich beten wir an.

Gott unser Gott,

du bist gnädig um uns in Sorge,
bis wir in dir vollkommen sind.

Dich beten wir an.

26.

Ich brauche täglich Brot.
Ich brauche dich.
Ich strecke meine Hand dir entgegen.
Ich setze mich dir aus,
damit du in mir wirkst.
Ich reihe mich ein in die Gemeinschaft
der Schwestern und Brüder.
Ich bin Teil deiner Kirche.
Ich lasse mich füllen von dir.

27.

Du, Brot
Du bist unsere Mitte

Du, Brot
Nach Dir schreien wir.

Du, Brot
Von Dir leben wir.

Du, Brot
Dich beten wir an.

Du, Brot
In Dir finden wir uns.

Du, Brot
Durch Dich können wir Freunde werden.

Du, Brot
In Dir ist unsere Freude.

Du, Brot
In Dir erkennen wir unseren Lebenssinn.

Du, Brot

Anton Rotzetter

28.

Ich bin vor Dir,
ich.

Du bist dort,
Du,
in Brot und Wein.

Gott – in Brot und Wein,
gebrochene, verströmende Liebe.

Gott – in Brot und Wein
teilst Du dich aus.

Gott – in Brot und Wein
stillst Du mein unruhiges Herz.

Ich bin hungrig,
und Du gibst mir zu essen.

Ich bin durstig,
und Du gibst mir zu trinken.

Gott – in Brot und Wein.

Margit Rotter

29.

Gott
so groß bist Du und doch so klein
in diesem Scheibchen Brot

Brot – wieviel Leben ist darin verborgen?
Säen
Wachsen
Reifen
Ernten
Mahlen
Kneten
Formen
Backen

Gott – Du machst mich hungrig
Gott – Du sättigst mich

Wie kann ich diese Hingabe erwidern?
Säen
Wachsen
Reifen
Ernten
Mahlen
Kneten
Formen
Hitze ertragen

Ist das die Antwort
meine Liebe
mein Leben?

Margit Rotter

30.

Dein Angesicht suche ich,
Herr, mein Gott.
Ich bete dich an.

Du hast mich geschaffen,
o Herr,
und du hast mich neugeschaffen,
und was ich Gutes habe,
ist alles von dir.
Ich bete dich an.

Du hast mich nach deinem
Ebenbilde geschaffen,
damit ich deiner gedenke
und dich liebe.
Ich bete dich an.

Anselm von Canterbury

31.

vor der monstranz 1

jesus christus
du bist unser geistiges brot
deine worte sind unser brot
die geschichten
die wir nie mehr vergessen
sie sind unser brot
das weiße scheibchen brot
das wir hier in der kirche gut verwahren
wie einen kostbaren schatz
erinnert uns an dich
du bist mitten unter uns
darum haben wir einen so kostbaren rahmen
um dieses scheibchen brot gemacht
aus gold und edelsteinen

sei uns gegrüßt
du heiliges Brot

jesus christus
wir haben dich kennengelernt
durch andere menschen
durch unsere eltern lehrer
und jetzt in den wochen
durch frauen und männer
die uns von dir erzählt haben
die uns auf den heutigen tag
vorbereitet haben
sie alle sind auch brot-nötig für uns
ja jesus
wir wissen daß es menschen gibt

6

die sind brot für uns
wie du jesus brot für uns bist

sei uns gegrüßt
du heiliges brot

jesus christus
du hast gesagt
wer mich zu seiner täglichen speise
und zu seinem täglichen geistigen trank macht
der wird auch für andere
zu etwas kostbarem
wenn wir dich in uns haben
dann haben wir das leben
und wir können dann auch anderen
das wahre leben zeigen und schenken
dann sind wir kein gift für andere
dann schmecken wir so ähnlich
jesus
wie du geschmeckt hast
für deine freunde
dein geschmack ist bis zu uns gekommen
und wir sind
auf deinen geschmack gekommen

sei uns gegrüßt
du heiliges brot

jesus christus
du bist unser magnet
du bist unser pelikan
du bist unsere kommunion
du bist derjenige
der unter uns frieden stiftet
du bist unser glück

du bist unser weg
du bist unser licht
du bist unsere freude
du bist unser brot

sei uns gegrüßt
du heiliges brot

jesus christus
wenn du nicht immer unter uns bist
in der familie
dann ist was los
wenn du nicht unter uns bist
dann ist böser geist unter uns
dann geht es ums geld
dann geht es um dies und das
dann geht es gegeneinander
dann geht es aneinander vorbei
dann geht es aufeinanderlos
du bist unser friede
du bist das lebendige verzeihen unter uns
du bist die weisheit unter uns
du bist die liebe unter uns
wenn du nicht unter uns bist
ein bißchen
dann ist es nicht auszuhalten

sei uns gegrüßt
du heiliges brot

Wilhelm Willms

32.

vor der monstranz 2

guter gott
es gibt viele brotsorten
die uns satt
und breit
und träge
und dumm machen
aber es gibt ein brot
jesus christus
das macht uns weise
und einfach
und gütig

ein brot gibt es
das wird nicht alt
das überdauert alle zeiten
alle moden
alle schlauheit der schlauen
wenn wir von diesem brot leben
haben wir das leben in uns
halleluja

das halleluja wird
als das österliche halleluja
als kehrvers gesungen
einer singt vor
alle wiederholen

guter gott
das kleine scheibchen
das uns heute
von der hand in den mund gegeben wurde

ist ein scheibchen brot
das es in sich hat
das zu denken gibt
hinter dem was steckt
hinter dem jesus christus steckt
ein mensch
der die güte selbst ist
wenn wir diese güte selbst
zu unserer speise machen
dann wird das nicht spurlos
an uns vorübergehen
halleluja

guter gott
du hast uns wunderbar erschaffen
laß uns durch jesus christus
durch sein wort
durch sein evangelium
verwandelt werden
laß uns immer wieder
wunderbar erneuert werden
laß uns immer mehr
zu menschen werden
mit denen andere gern zusammenkommen
laß uns zu menschen werden
von denen man sagen kann
das ist ein mensch
der hat das evangelium in sich
der ist selbst frohe botschaft
der macht uns hoffnung
halleluja

Wilhelm Willms

33.

Herr Jesus Christus, du hast im Abendmahlssaal deinen Jüngern in Brot und Wein dich selbst ausgeteilt. Mit dem Auftrag „Tut dies zu meinem Gedächtnis" hast du einen unvergleichlichen Bund der Liebe gestiftet. Alle, die durch das eine Brot und den einen Wein daran teilhaben, sind aufgenommen in die Gemeinschaft mit dir.
Herr Jesus, wir danken dir, daß du uns deine Gemeinschaft schenkst. Laß uns spüren, daß du uns untereinander verbindest als dein heiliges Volk, als lebendige Gemeinde, im Glauben unterwegs mit dir und zu dir. Führe uns tiefer hinein in das Geheimnis der Hingabe in deinem Leiden und Sterben für uns und deiner Auferstehung.
Wir preisen dich für das Vorbild so vieler Menschen, die sich ganz der Führung durch den Heiligen Geist anvertraut haben. Wecke in uns immer wieder die Erinnerung, daß wir in Taufe und Firmung den Heiligen Geist empfangen haben und so berufen und fähig sind, Mitverantwortung in unserer Kirche zu übernehmen. Gib uns im Vertrauen auf dein Wort Mut und Tatkraft, am Aufbau deines Reiches mitzuwirken.
Denn du willst, daß wir eines Tages zusammen mit allen Glaubenden dich loben und preisen in Zeit und Ewigkeit. Amen.

34.

V.: Herr Jesus Christus.
Du bist der verheißene Messias.
Du bist der Sohn Davids.
Du bist der Herr des Volkes Israel.
Du bist die Wurzel Jesse.

Du bist der Immanuel.
Du bist Gottes Sohn.
Du bist unsere Hoffnung.
Du bist unsere Zuversicht.
Du bist unser Retter.
Du bist unser Erlöser.
Du bist unser Heil.
Du bist unser Weg.
Du bist unser Leben.
Du bist unsere Zukunft.
Du bist unser König.
Du bist unsere Gerechtigkeit.
Du bist unsere Barmherzigkeit.
Du bist unsere Liebe.
Du bist unser Friede.
Du bist unsere Freude.
Du bist unser Licht.
Du bist unser neuer Tag.
Du bist unser Jubel.
A: Wir beten dich an.

Jürgen Lenssen

35.

Wir denken daran, daß Jesus für uns gestorben ist.
Wir denken daran, daß du, Vater, ihn wieder zum Leben gerufen hast und daß er nun bei dir lebt.
Wir wissen, daß er jetzt in der Gestalt des Brotes mitten unter uns ist.
Jesus, wir danken dir, daß wir hier sein dürfen, um miteinander Mahl zu halten, dir zu begegnen, dich zu empfangen.

Laß uns immer mehr so leben, wie du es uns vorgelebt hast. Führe uns als dein Volk zusammen mit allen Menschen, die deinen Willen tun, damit wir dich und den Vater mit dem Geist loben in Zeit und Ewigkeit. Amen.

36.

Christus,
du bist da in diesem kleinen Stück Brot.
So ein armseliges Scheibchen Brot soll dich, den Sohn Gottes, enthalten?
Manchmal kommen mir Zweifel.
Bist du wirklich da?
Ich komme zu dir, Herr, um mit dir meine Zweifel auszuhalten.
Ich weiß, du hältst mich aus und nimmst mich an, damit ich mich aushalten und annehmen kann.
Zu dir, Herr, komme ich,
du und ich – wir setzen uns einander aus.

(Zu Joh 20, 19–31)

7. Vaterunser, Friedensgruß und Kommunion

Wo Menschen miteinander essen können, da ist Friede möglich. Trotzdem erfahren wir immer wieder Situationen des Unrechts, der Unterdrückung und des Unfriedens. Deshalb gehört das Gebet um den Frieden und das Zeichen der Bereitschaft zum Frieden zur gottesdienstlichen Feier.
Im Wortgottesdienst können aktuelle Probleme mit in den Friedensgruß genommen werden.
Durch das gemeinsame sakramentale Mahl wird das Verlangen nach Gottes Nähe zum Ausdruck gebracht. Es sollte deshalb nach unserem Empfinden nicht im Wortgottesdienst fehlen.

Einladung zum Vaterunser

1.

Wir beten zu Gott, der uns im Brot des Lebens zeigt, daß er uns liebt:

2.

Unser Leben liegt in Gottes Hand. Deshalb wollen wir voll Vertrauen beten:

3.

Der Herr ist in unserer Mitte. Er bereitet uns das Mahl. In seinem Namen dürfen wir sprechen:

4.

Als Kinder Gottes dürfen wir auf die Hilfe des Vaters vertrauen. Zu ihm beten wir voll Zuversicht:

5.

Von Gott erhoffen wir, was wir brauchen. So beten wir, wie sein Sohn uns gelehrt hat:

6.

Jesus hat seine Freunde angeleitet, wie sie beten sollen. So laßt uns sprechen:

7.

Wir wollen miteinander zum Vater beten, wie Jesus es uns gelehrt hat:

8.

Jesus lehrte uns, um was wir bitten sollen, damit wir beim Vater Gehör finden. So beten wir:

9.

Jesus sagte: Was ihr von meinem Vater erbitten werdet in meinem Namen, das wird er euch geben. So beten wir:

10.

Gottes Güte begegnet uns in Jesus Christus. In seinem Namen wagen wir zu beten:

11.

Durch den Heiligen Geist sind wir in der Kirche der eine Leib Christi geworden. Darum laßt uns beten:

12.

In Christus hat uns der Vater zu seinen Kindern erwählt. So wagen wir zu sprechen:

13.

Als Kinder des einen Vaters dürfen wir beten, wie es uns Jesus gelehrt hat:

14.

Wir haben den Geist empfangen, der uns zu Kindern Gottes macht. Darum dürfen wir vertrauensvoll beten:

Einladung zum Friedensgruß

15.

Der Herr hat zu seinen Aposteln gesagt:
Frieden hinterlasse ich euch, meinen Frieden gebe ich euch.
Deshalb bitten wir:
Herr Jesus Christus, schau nicht auf unsere Sünden,
sondern auf den Glauben deiner Kirche
und schenke ihr nach deinem Willen Einheit und Frieden.

16.

Friede ist ein Geschenk von Gott. Doch Gott wirkt nicht ohne uns.
Als Söhne und Töchter Gottes sollen wir seinen Frieden stiften.
Wir wollen uns darin einüben und (uns) einander ein Zeichen des Friedens schenken.

17.

Unsere Welt ist voller Unfrieden und Gewalt.
Wir erfahren es jeden Tag aus Fernsehen und Radio oder in unserer persönlichen Umgebung.
Wir können den Frieden nur im Kleinen anfangen und darauf vertrauen, daß er Kreise zieht.
Geben wir darum einander ein Zeichen des Friedens und der Versöhnung.

18.

Jesus Christus ist in der Gestalt des Brotes mitten unter uns. Er schenkt uns seinen Frieden und seine Gemeinschaft. Geben wir einander ein Zeichen, das diesen Frieden sichtbar werden läßt.

19.

Wir sind alle in die Mahlgemeinschaft mit Jesus eingeladen. Doch uns belasten noch Spannungen und Streitereien

untereinander, die dieser tiefen Gemeinschaft entgegenstehen.
Wir wollen uns in die Haltung der Versöhnlichkeit einüben.
Dazu wollen wir einander ein Zeichen des Friedens und der Versöhnung geben.

Kommunionverse

Am geeignetsten ist ein Vers aus den Schrifttexten des Gottesdienstes, der sich im Zusammenhang mit der Kommunion zur Meditation eignet. Die folgenden Verse haben Beispielcharakter.

20.

Steh auf und iß, sonst ist der Weg zu weit für dich.

21.

Kommt und empfangt, was ihr seid: Leib Christi.

22.

Kommt und habt teil am Liebesmahl unseres Herrn Jesus Christus.

23.

Wie die vielen Körner ein Brot geworden sind, so sind auch wir ein Leib geworden in Jesus Christus.

24.

Ich stehe vor der Tür und klopfe an. Wer mir aufmacht, bei dem trete ich ein, und wir werden Mahl halten: Ich mit ihm, und er mit mir. (Offb 3,20)

25.

Wenn das Weizenkorn nicht in die Erde fällt und stirbt, bringt es keine Frucht. Wenn es aber stirbt, bringt es reiche Frucht. (Joh 12,24)

26.

Kommt und empfangt das Brot des Lebens, das allen Hunger nach Liebe zu stillen vermag.

8. Kommunionmeditationen

Nach der Kommunionausteilung empfiehlt es sich, in einer Zeit der Besinnung zu verweilen. Dazu können den GottesdienstteilnehmerInnen kurze Impulse zum Nachdenken gegeben werden.

8

1.

Danke Jesus, daß du da bist.
Du kennst und durchschaust mich,
aber dein Anschauen tut nicht weh.
Es ist voller Zärtlichkeit.
Du vergibst nicht nur einmal,
sondern siebenmal siebzigmal.
Dir kann ich meine Ecken und Kanten,
meinen Frust und meine Enttäuschung zeigen.
Denn dein Blick heilt,
du bist mein Heiland.
Du bist mein Erlöser und Retter.
Amen.

2.

Jesus, du höchstes Gut,
so beten wir dich an.
Von dir kommt alles, was gut ist.
Mach du mich gut.
Mach gut meine Gedanken, daß ich Gutes denke.
Mach gut meine Augen, daß ich Gutes sehe.
Mach gut meine Ohren, daß ich Gutes höre.
Mach gut meinen Mund, daß ich Gutes rede.
Mach gut meine Gefühle, daß ich Gutes spüre.
Mach gut mein Herz, daß ich Gutes liebe.
Mach gut meine Hände, daß ich Gutes tue.
Mach gut meine Füße, daß ich gute Wege gehe.
Mach mich gut,
und mach, daß das Gute endlich siegt.
Amen.

3.

Gott,
Du bist bei mir eingekehrt.
Du, unscheinbar in einem kleinen Stückchen Brot.
Du, den ich meine zu kennen,
und doch kenne ich dich noch lange nicht.
Du aber kennst mich.
Gib mir zu erkennen,
wer du für mich sein willst.
Du scheust dich nicht,
mein Gott zu sein, mein Bruder, mein Freund.
Bleib an meiner Seite, wie ein treuer Freund.
Laß mich nicht allein,
damit ich nicht abirre von deinem Weg.
Danke, Jesus, für deine Zusage,
daß du alle Tage meines Lebens bei mir bleibst.
Amen.

4.

Jesus,
wie zu einem Vertrauten, zu einem Freund
kommst du zu mir,
in deinem Wort
und jetzt im Brot des Lebens.
Verzeih,
schon weiß ich nicht mehr,
was du zu mir gesprochen hast.
Du mußt schon laut mit mir sprechen,
dich bemerkbar machen, damit ich aufmerke.
Ich will dir mein Ohr leihen und mein Herz.

Hilf mir dazu, ich bitte dich.
Sag es mir immer wieder,
daß du mich liebhast,
daß ich in deinen Augen wertvoll und wichtig bin.
Danke, Jesus, daß du ein Ohr für mich hast
und ein offenes Herz.
Amen.

5.

Jesus,
du großer Gott,
im unscheinbaren Brot.
Jesus,
du verborgener Gott,
im alltäglichen Gesicht des Bruders, der Schwester.
Jesus,
du bescheidener Gott,
im gewöhnlichen Alltag.
Du willst uns dort begegnen,
wo wir gar nicht mit dir rechnen.
Du kannst uns überraschen,
wenn wir deine Einfälle und Zeichen aufnehmen und verstehen.
Du wartender und überraschender Gott,
du rennst keine Türen ein.
Du wartest geduldig, bis wir dich einlassen in unser Herz.
Geh nicht mehr fort,
bleibe bei mir, geh mit mir.
Amen.

6. Glück

Jesus gibt Antwort auf die Glücks- und Lebenssehnsucht des Menschen in seinen „ICH-BIN-Worten“ (Evangelium nach Johannes).

Jesus sagt uns:

Ich bin die Tür,
die deine Verschlossenheit auftut,
die dich entläßt
aus dem Gefängnis deiner Selbstsucht.

Ich bin das Brot,
das deinen Lebenshunger stillt,
den Hunger nach Angenommensein
und Liebe.

Ich bin die Wahrheit,
die Erkenntnis bringt,
Täuschungen auflöst,
jene Lügen straft,
die dich verführen.
Ich bin die Wahrheit,
die du suchst
in allen Spuren deines Lebens.

Ich bin der Weinstock,
du seine Rebe,
du bist ein Lebensstrom mit mir.
In deiner Einsamkeit bist du
nicht ohne mich.

Ich bin der Hirt,
der das Verlorene sucht.
Auch das Verlorene in deinem Leben.

Ich bin das Licht
  gegen die Finsternis
  in dir.

Ich bin der Weg
  aus allen Sackgassen.
  Ich führe dich weg
  von deinen Holz- und Irrwegen,
  ich kürze deine Umwege ab,
  verzeihe dir deine Abwege
  und bringe dich
  auf den Weg des Heils.

Ich bin das Leben,
  das den Tod besiegt!
  Auch dem Tod in dir
  will ich das Leben geben.
  Wer von diesem Wasser trinkt,
  das ich ihm gebe, der wird nie mehr dürsten.
  Er wird selbst zu einer Quelle werden,
  aus der ewiges Leben kommt.

7.

Sei bei uns, Herr,
auf unserem Weg.
Geh mit uns Schritt für Schritt.
Mach unsere tauben Ohren auf.
Laß unsere blinden Augen sehen.
Gib den verzagten Herzen Mut.
Laß uns in Angst nicht untergehen.
Gib uns von deinem Heiligen Geist
dem Geist der Eintracht

und der Weisheit,
dem Geist der Wahrheit
und der Liebe,
damit nicht einer gegen den anderen kämpft.
Laß uns in deinem Geist
Gemeinde werden und weitersagen,
was uns im Glauben stärkt.
Laß uns dich finden in der Tischgemeinschaft,
damit im Zeichen des gebrochenen Brotes
wir dich erkennen als den einen Herrn,
der uns in Liebe auf dem Weg begleitet
und uns als Boten ausschickt in die Welt.
Wir bitten,
bleibe bei uns, Herr,
jetzt und an jedem Tag.
Amen.

Quelle unbekannt

8.

8

Mit einer Verheißung sind wir unterwegs zu dir.
Mit einer tiefen Sehnsucht halten wir Ausschau nach dir.
Mit vielen Fragen und Erwartungen kommen wir zu dir.

Als Brot des Lebens stärkst du uns.
Als Wein der Freude belebst du uns.
Als Wort des Trostes ermutigst du uns.

Du kommst uns wohlwollend entgegen und liebevoll zuvor.
Du begegnest uns mit großem Interesse und schenkst Vertrauen.
Du beginnst ein Gespräch und läßt dich auf uns ein.

Mit unseren Schwächen und Fehlern nimmst du uns an.
Mit unseren Stärken und Begabungen berufst du uns.
Mit unserem Gelingen und Scheitern sind wir bei dir anerkannt.

Du kennst und heilst uns.
Du hilfst und befreist uns.
Du rufst und sendest uns.

Du lebst und leidest mit uns.
Du gehst und wagst mit uns.
Du liebst und teilst mit uns.

Mit deiner Verheißung sind wir unterwegs.
Mit deiner Kraft sind wir stark.
Mit deinem Vertrauen brechen wir auf.
Mit dir beginnen wir, neu zu leben.

Du bist der Weg, die Wahrheit und das Leben.
Du bist die Tür zum wahren Leben.
Du bist gekommen, damit wir leben können in der Fülle.

Paul Weismantel

9.

Jesus, dir leb' ich,
Jesus, dir sterb' ich,
Jesus, dein bin ich im Leben und im Tod.

Dieses uralte Gebet kommt so leicht über die Lippen.
Doch ein Leben reicht nicht aus,
um diese Wirklichkeit nur annähernd einzuholen.
Jesus, dir leb' ich, heißt für mich: mich kennen und leben.
Leben, in meinem Auf und Ab, meinen Höhen und Tiefen,

meinen Ängsten und Fragen, meinen Nöten und Zweifeln,
meiner Unzulänglichkeit und meinen Abgründen,
meinem Unglauben und meiner Sündhaftigkeit,
mit meiner Halbherzigkeit und meinen Widersprüchen,
mit meinen enttäuschten Hoffnungen und Wünschen,
mit meinen durchkreuzten Plänen,
mit meiner Prägung und meiner Geschichte,
heißt leben mit meinen guten Möglichkeiten,
mit meinen Begabungen und Fähigkeiten,
meiner Einmaligkeit und Einzigartigkeit,
mit meinem guten Namen, meiner Würde,
mit meiner Wesensbestimmung: lieben zu können und geliebt zu werden.
Leben mit meiner Sehnsucht nach Angenommensein und Geborgenheit,
letztlich mit der unstillbaren Sehnsucht nach dir, mein Gott.
Leben im Glauben und Vertrauen auf deine Verheißung:
„Wie mich der Vater geliebt hat, so liebe ich dich."
All das lebt in mir.

Weil du, Gott, mich ins Leben geliebt hast, geliebt bis in den Tod,
deshalb kann und darf ich beten und will es so:
Jesus, dir leb' ich, dir sterb' ich, dein bin ich im Leben und im Tod. Amen.

10. Jesus, mein Lebensbrot

Jesus, du Lebens-Brot, Brot für mein Leben.
Jesus, du Brot in meinem Hunger nach Zuwendung.
Jesus, du Brot in meiner Sehnsucht nach Zärtlichkeit und Liebe.

Jesus, du Brot in meiner Angst und Not.
Jesus, du Brot in meiner Freude und in meinem Schmerz.
Jesus, du Brot in meinem Kleinglauben und in meiner Unsicherheit.
Jesus, du Brot auf meinem Weg.
Jesus, du Brot, aus dem mir neues Leben erwächst.
Jesus, du Brot, das meinen Glauben stärkt.
Jesus, du Brot, das meine Hoffnung nährt.
Jesus, du Brot, hingegeben für mich.
Jesus, du mein Lebensbrot,
mach auch mich zum Brot für alle, die mich brauchen.
Danke. Amen.

11. Familie

Herr, ich danke dir,
daß du mich berufen hast.

Ich danke dir,
daß du mich als Mann
und als Frau berufen hast.

Ich danke dir,
daß du mich in meine Familie berufen hast.

Meine Familie,
in der ich reden und schweigen darf.

Meine Familie,
die für mich Ort des Friedens und der Versöhnung ist.

Meine Familie,
die für mich Gabe und Aufgabe ist.

Meine Familie,
in der ich – ich selbst sein darf.

Meine Familie,
mit der ich lebe, leide und liebe.

12. Jahresschluß

Guter Gott,
so, wie ich bin, stehe ich am letzten Abend des Jahres ...
vor dir.
Unwiederbringbar geht ein Jahr meines Lebens vorüber.
Viele Stationen fallen mir heute ein:
große Freuden, tiefe Schmerzen,
Erwartungen, Enttäuschungen.
Alles, was im vergangenen Jahr war,
lege ich zurück in deine Hände
und bitte dich, daß du es annimmst.
Gott, vor dich bringe ich mein Leben.
Mach gerade, was krumm ist.
Bleibe bei mir, jetzt und jeden Tag. Amen.

9. Schlußgebete

Im Schlußgebet dankt die versammelte Gemeinde Gott für die erfahrene Gemeinschaft und bittet ihn um seinen Beistand für die kommende Zeit. Es sollte den Leitgedanken des Gottesdienstes noch einmal aufnehmen. Wie beim Tagesgebet kann Gelegenheit zum stillen, persönlichen Gebet gegeben werden.

9

Advent

1.

Gott,
in diesem Gottesdienst haben wir deine Nähe gefeiert,
die wir immer da erleben, wo Menschen gut miteinander sind.
In dieser Zeit des Advents sind wir besonders offen und sensibel für unsere Mitmenschen.
Laß uns in diesen Tagen selbst zu Menschen werden,
durch die dein Reich auf unserer Welt sichtbar wird.
Darum bitten wir dich durch Christus, unseren Bruder und Herrn.

2.

Naher Gott!
Mit deinem Wort, das wir gehört haben,
und unserer Gemeinschaft, die wir erlebt haben,
erwarten wir das Weihnachtsfest.
Wir hoffen, daß du uns immer wieder deine Nähe schenkst,
damit wir als Menschen die Liebe erleben,
die uns dein Sohn Jesus vorgelebt hat.
Durch ihn danken wir dir, unserem Gott im Himmel,
den wir als Vater, Sohn und Geist bekennen,
heute und alle Tage bis in Ewigkeit.

Weihnachten

3.

Barmherziger Gott,
wir haben die Geburt deines Sohnes gefeiert,
der uns in dem Kind von Betlehem zum Bruder geworden ist.
Laß uns und unsere Familien in diesen Tagen Frieden und Gemeinschaft erfahren,
damit wir als weihnachtliche Menschen leben können,
zu denen uns Christus machen will.
Mit ihm danken wir dir, unserem Vater, alle Tage bis in Ewigkeit.

4.

Menschgewordener Gott,
in Jesus hast du dein Reich zu uns gebracht,
in dem wir friedvoll und gerecht leben können.
Laß uns diese weihnachtlichen Gaben in diesen Tagen erfahren,
damit wir Hoffnung und Freude im Leben haben.
Schenke uns und unserer Welt deinen Frieden,
durch Jesus Christus, unseren Bruder und Herrn.

Jahresschluß

5.

Zum letzten Mal in diesem Jahr haben wir miteinander Gottesdienst gefeiert.
Unser guter Gott begleite uns in dieser Nacht über die Schwelle zum neuen Jahr.
Er sei bei uns, wenn wir feiern und in all unserer Freude
und schenke uns alles Gute für die kommende Zeit.
Um dies bitten wir durch Christus, unseren Herrn.

Fastenzeit

6.

Guter Gott,
in diesem Gottesdienst haben wir deine Nähe erfahren.
Hilf uns an jedem Tag, dich zu suchen und durch unsere innere Umkehr zu Menschen zu werden, die deine Liebe leben.
Schenke uns eine gute, besinnliche Zeit, die uns fähig macht, deinen Tod und deine Auferstehung für unser Leben als notwendig zu erfahren, weil daraus unsere Befreiung kommt.
Darum bitten wir durch Christus, unseren Herrn.

7.

Hilf uns, o Gott, daß wir – durch dein Wort gestärkt – unser Leben so führen können, daß es gelingt.
Gib uns, besonders in diesen Tagen der Vorbereitung, den rechten Blick und eine helfende Hand für die Menschen in Not.
Laß uns in allen Christus erkennen, deinen Sohn, der durch sein Leben, Leiden und Sterben uns erlöst hat und in seiner Auferstehung zum Herrn unserer Gemeinde geworden ist.

Karwoche

8.

Herr, unser Gott.
Heute haben wir uns an den Tod deines Sohnes erinnert.
Er wurde für uns zum Sklaven, um uns zu erlösen.
Er ist am Kreuz gestorben, damit wir das Leben haben.
Dafür sind wir dankbar.
Bewahre in uns dieses Leben, das Christus uns neu geschenkt hat: Heute und alle Tage bis in Ewigkeit.

Ostern

9.

Allmächtiger Gott,
du hast deinen Sohn Jesus aus dem Tod ins Leben geführt.
Laß auch uns teilhaben an diesem neuen Leben,
das du uns geschenkt hast in der Taufe.
Führe uns als neue Menschen auf den Weg,
der auch heute immer wieder vom Tod ins Leben führt,
damit wir glaubhafte Zeugen deines Reiches sind.
Dich preisen wir, heute an diesem Osterfest und alle Tage unseres Lebens.

10.

Auferstanden ist Christus als erster der Entschlafenen –
das haben wir in diesem Gottesdienst gefeiert.
Laß uns, o Gott, in unserem Leben Jesus begegnen,
überall dort, wo Trauer ist und das Leben fehlt.
Mach uns zu österlichen Menschen,
die voll sind von Hoffnung und Zuversicht,
weil du auch der Herr unseres Lebens bist.
Dich preisen wir in Ewigkeit.

Pfingsten

11.

Wenn dein Geist uns ergreift
können wir unsere Welt verändern, o Gott.
Wenn dein Geist uns ergreift
werden wir Boten deiner Liebe.
Wenn dein Geist uns ergreift,
gelingt unser Leben.
Schicke uns diesen deinen Geist
alle Tage bis ans Ende der Welt.

12.

Allmächtiger Gott,
so wie die Jünger deinen Geist erlebt haben,
laß auch uns deinen Heiligen Geist erleben.
Dort, wo es schwer ist,
dort, wo Not und Leid herrschen,
dort, wo Geistlosigkeit sich breit macht:
Schenke uns deinen Heiligen Geist.

Im Jahreskreis

9

13.

Guter Gott,
du bist uns in deinem Wort und im heiligen Brot nahe gekommen.

Dafür danken wir dir und bitten dich:
Laß uns deine Nähe auch in unserem Alltag erfahren.
Darum bitten wir durch Christus, unseren Herrn.

14.

Gott, unser Vater,
du hast uns mit deinem Wort und deinem Brot gestärkt.
So sind wir gerüstet für unseren Weg.
Hilf uns, einander gute Wegbegleiterinnen und Wegbegleiter zu sein.
Darum bitten wir durch Christus, unseren Bruder und Herrn.

15.

Herr Jesus,
wir danken dir, daß du uns in deine Gemeinschaft gerufen hast.
Du bindest dich durch dein Wort und deinen heiligen Leib an uns.
Laß uns aus dieser Verbindung mit dir leben und Zeugen deiner Nähe und Liebe sein.
Darum bitten wir dich, unseren Bruder und Herrn, der in der Einheit mit dem Vater und dem Heiligen Geist lebt und regiert in Zeit und Ewigkeit.

16.

Herr, unser Gott,
wir sind dir im Sakrament des Wortes und des Brotes begegnet.
Dafür danken wir dir.
Hilf uns, daß diese Begegnung mit dir nicht spurlos an uns vorübergeht.
Rühre uns an in der Tiefe unseres Herzens,
und laß durch uns den Menschen heute die Spur zu dir erkennbarer werden.
Darum bitten wir durch Christus, unseren Herrn.

17.

Herr, unser Gott,
alles steht in deiner Macht, alles ist dir möglich.
Du schenkst das Wollen und das Vollbringen.
Hilf uns heute, auf deine Weisung zu hören und dir zu folgen.
Stärke uns mit der Kraft deines Geistes,
damit unser Alltag zum Zeugnis für dich wird.
Darum bitten wir durch Christus, unseren Herrn.

18.

9

Herr, unser Gott,
verborgen und unscheinbar lebst du mitten unter uns.
Du rufst uns auf den Weg des Glaubens durch deinen Sohn Jesus Christus.
Öffne unsere Sinne und unseren Verstand und unser Herz,

damit wir erkennen, was Jesus, dein Sohn, uns heute sagen will.
Das erbitten wir durch Christus, unseren Herrn und Bruder.

19.

Gott, allmächtiger Vater,
du hast uns wissen lassen, daß jedem, der anklopft, aufgetan
und jedem, der bittet, Erhörung zuteil wird.
Wir bitten dich:
Bleibe uns nahe, nimm uns die Angst auf unserem Lebensweg,
und laß uns wachsen in der Liebe und im Vertrauen zu dir.
Darum bitten wir durch Christus, unseren Herrn.

20.

Herr,
du kennst unseren Weg,
den Weg, der hinter uns liegt, und den, der vor uns liegt.
Denn du bist unser Weg.
Du begleitest uns in jedem Augenblick.
Du bist immer für uns da.
Lenke unsere Schritte,
damit wir den Weg und das Ziel nicht aus dem Auge verlieren.
Das bitten wir durch Christus, unseren Herrn.

21.

Guter Gott,
du hast uns zu dieser Feier geladen.
Du sagst uns dein rettendes Wort, du reichst uns das Brot zum Leben.
Mache uns fähig weiterzugeben, was wir in deinen Gaben empfangen.
Darum bitten wir durch Jesus Christus, unseren Herrn.

9

10. Segensbitte

Segnen meint, den Beistand und die Hilfe Gottes zu erbitten und sich ihm ganz anzuvertrauen.
Mit dieser Gewißheit dürfen wir nach dem Gottesdienst in unsere „Alltäglichkeit“ zurückkehren.
Es ist eine Lebenshilfe, sich Gottes Segen besonders bewußtzumachen. Dazu dienen die Segensbitten, die im folgenden Teil angeboten sind. Sie möchten am Ende des Gottesdienstes dem Menschen Wegweisung geben.
Wir alle sind berufen, zu segnen und Segen zu spenden: uns Gottes Beistand zuzusagen, damit unsere Welt und unser Leben zum Zeichen der Gegenwart Gottes wird.
Die Segensbitten werden in der Wir-Form gebetet.

10

Advent

1.

Der Herr segne uns
und schenke uns langen Atem in dieser Zeit,
da alle rennen, alle drängen ...

Er lasse uns die Ruhe finden,
die wir brauchen, um Ihm zu begegnen,
damit wir nicht vergeblich warten auf den,
der kommen will.

Es lasse den Tau des Gerechten
auf uns herabkommen,
damit unsere Hoffnungen auf Gott wachsen
und unser müder Glaube sich erfrischen kann.

Er schenke uns das Vertrauen,
daß er wirklich kommt – zu uns –
und wir Ihn sehen,
so wie Er ist:
als Gott, der uns liebt,
wie kein Mensch es vermag,
und an uns denkt seit dem Tag,
da wir geboren:
der Vater, der Sohn und der Heilige Geist.
Amen.

Herbert Jung

2.

Ein Dach,
das dich schützt,
wenn du Herberge suchst ...

Eine sanfte Hand,
die dich hält,
wenn du dich niedergeschlagen fühlst ...

Ein gutes Herz,
an das du dich anlehnen kannst,
wenn du dich verlierst
im Trubel des Alltäglichen ...

Einen Menschen in der Nähe,
der deine Tränen auffängt
wie eine kostbare Schale ...

Eine warme Hand,
die deine Augen schließt, auch dann,
wenn du Abschied nimmst
und hinübergehst in die Welt des Lichtes ...

Das wünsche ich dir
aus Gottes liebender Hand,
die uns in dieser Nacht berührt:
die sanfte Hand
des Vaters und des Sohnes
und des Heiligen Geistes.
Amen.

Herbert Jung

Aschermittwoch

3.

Der Herr segne dich –
der du gebildet wurdest
aus dem Staub der Erde
und gesegnet bist von seinem Atem.

Er lasse dich Seine Stimme hören,
wenn du einen Weg gehst,
der dich entfernt
von der Quelle des Lebens.

Er öffne dir die Augen
für die Vergänglichkeit der Welt –
und wenn dein Leib den Weg
alles Irdischen beendet,
schenke Er dir in Seinem Haus
den Platz des Unvergänglichen.

Er lindere die Angst vor jenem Tag
und schenke dir die Kraft des Vertrauens –
dem Schmetterling gleich –
der mühelos und ohne Zorn
sich dem Entpuppen stellt.

Das gewähre dir der Gott,
der das Leben will und nicht den Tod:
Der Vater und sein Sohn
und der Lebensspender-Geist.
Amen.

Herbert Jung

Fastenzeit

4.

Er, der Israel eingeladen,
das Land der Knechtschaft zu verlassen,
führe uns weg von den Fesseln des Konsums –
sie töten den Hunger nach Freiheit.

Er lasse uns unruhig werden
in diesen vierzig Tagen
und Ausschau halten nach einem Leben,
das unserem Herzen entspricht
und dem Suchen unserer Seele
mehr entgegenkommt.

Er führe uns weg
von oberflächlichen Verlockungen,
denen wir nachgelaufen,
und locke uns in die Wüste der Stille.
Dort sind wir allein mit ihm,
der nichts anderes will,
als sich zu verlieben in uns.

Er lasse Hunger
und Durst spüren in dieser Zeit,
damit wir spüren,
was wir wirklich brauchen:
nicht Brot und Wasser,
sein Wort vielmehr, das nährt und heilt,
seinen Atem, der leben läßt in Fülle.

Das gewähre uns der Gott,
dessen Sohn durch die Wüste gewandert

und die Versuchung bestanden –
der Vater, der Sohn und der Heilige Geist.
Amen.

Herbert Jung

Ostern

5.

Der Gott des Lichtes und des Lebens
strahle leuchtend auf über uns.

Er lasse uns spüren das Feuer der Liebe
und wärme unsere Herzen mit seiner Lebensglut,
damit wir erkennen seine Güte
und seine Barmherzigkeit,
die überreich sind für jeden von uns.

Er lasse uns aufstehen,
wenn Leid unser Leben lähmt –
und lasse uns seine Stimme hören,
wenn er ruft:
Ich will, daß du lebst.

Das gewähre uns Gott,
der für uns Licht ist am Tag und in der Nacht:
der Vater, der Sohn und der Heilige Geist.
Amen.

Herbert Jung

Irische Segensgebete

6.

Geh deinen Weg ruhig – mitten in Lärm und Hast,
und wisse, welchen Frieden die Stille schenken mag.

Steh mit allen auf gutem Fuße, wenn es geht,
aber gib dich selber nicht auf dabei.

Sage deine Wahrheit immer ruhig und klar,
und höre die anderen auch an,
selbst die Unwissenden, Dummen – sie haben auch ihre Geschichte.

Laute und zänkische Menschen meide.
Sie sind eine Plage für dein Gemüt.

Wenn du dich selbst mit anderen vergleichen willst,
wisse, daß Eitelkeit und Bitterkeit dich erwarten.
Denn es wird immer größere und geringere Menschen geben als dich.

Freue dich an deinen Erfolgen und Plänen.
Strebe wohl danach weiterzukommen, doch bleibe bescheiden.
Das ist ein guter Besitz im wechselnden Glück des Lebens.

Übe dich in Vorsicht bei deinen Geschäften.
Die Welt ist voll Tricks und Betrug.
Aber werde nicht blind für das,
was dir an Tugend begegnet.

Sei du selber – vor allem:
heuchle keine Zuneigung, wo du sie nicht spürst.

Doch denke nicht verächtlich von der Liebe, wo sie sich wieder regt.
Sie erfährt soviel Entzauberung, erträgt soviel Dürre
und wächst doch voller Ausdauer, immer neu, wie das Gras.

Nimm den Ratschluß deiner Jahre mit Freundlichkeit an.
Und gib deine Jugend mit Anmut zurück, wenn sie endet.

Pflege die Kräfte deines Gemüts, damit es dich schützen kann,
wenn Unglück dich trifft, aber überfordere dich nicht durch Wunschträume.
Viele Ängste entstehen durch Enttäuschung und Verlorenheit.

Erwarte eine heilsame Selbstbeherrschung von dir.
Im übrigen aber sei freundlich und sanft zu dir selbst.

Du bist ein Kind der Schöpfung,
nicht weniger wie die Bäume und Sterne es sind.
Du hast ein Recht darauf, hier zu sein.
Und ob du es merkst oder nicht –
ohne Zweifel entfaltet sich die Schöpfung so, wie sie es soll.

Lebe in Frieden mit Gott, wie du ihn jetzt für dich begreifst.
Und was auch immer deine Mühen und Träume sind
in der lärmenden Verwirrung des Lebens –
halte Frieden mit deiner eigenen Seele.

Mit all ihrem Trug, ihrer Plackerei und ihren zerronnenen Träumen –
die Welt ist immer noch schön!

Aus dem Jahr 1692

7. Irischer Reisesegen

Möge die Straße dir entgegeneilen,
möge der Wind immer in deinem Rücken sein.
Möge die Sonne warm auf dein Gesicht scheinen
und der Regen sanft auf deine Felder fallen.
Und bis wir uns wiedersehen,
halte Gott dich im Frieden seiner Hand.

8.

Gott segne euch, und die Segen der Heiligen
und mein eigener Segen seien mit euch.

9. Segne, was meine Liebe braucht

Gott segne die Erde, auf der ich jetzt stehe.
Gott segne den Weg, auf dem ich jetzt gehe.
Gott segne das Ziel, für das ich jetzt lebe.

Du Ewiger, du Immerdar,
segne mich auch, wenn ich raste.

Segne, was mein Wille sucht,
segne, was meine Liebe braucht,
segne, worauf meine Hoffnung ruht.

Du König der Könige,
segne meinen Blick.

10.

Der Herr sei vor dir,
um dir den rechten Weg zu zeigen.
Der Herr sei neben dir,
um dich in die Arme zu schließen
und dich zu schützen.

Der Herr sei hinter dir,
um dich zu bewahren
vor der Heimtücke böser Menschen.
Der Herr sei unter dir,
um dich aufzufangen, wenn du fällst,
und dich aus der Schlinge zu ziehen.

Der Herr sei in dir,
um dich zu trösten,
wenn du traurig bist.
Der Herr sei über dir,
um dich zu segnen.
So segne dich der gütige Gott.

10

Anhang

Stille im Gottesdienst

Einer der Hauptvorwürfe der Gegner der Liturgiereform des Zweiten Vatikanischen Konzils ist, daß sie die Stille im Gottesdienst abgeschafft habe: Ständig würde etwas gesungen und gebetet; man käme dabei nicht mehr zur Ruhe.
Bei allem Segen der Liturgiereform können die verstärkte Einbeziehung der Gläubigen in die Wechselgebete und die Verwendung der Muttersprache tatsächlich zur „Geschwätzigkeit" verführen. Es ist darum wichtig, dem gemeinsamen Wort und Tun Phasen der Stille zur Seite zu stellen. Denn auch und gerade heute erwarten viele Menschen, im Gottesdienst zur Ruhe zu kommen. Zugleich sind viele unfähig, mit Stille umzugehen, sie wird als unangenehm, peinlich oder „nervig" erfahren anstatt wohltuend und in die Tiefe führend. Darum ist es wichtig, eine Zeit der Stille anzukündigen und kurz (!) einzuleiten. Eine Anleitung, was man in dieser Zeit betend (d.h. bewußt vor Gott daseiend) denken kann, hilft, diese Phase sinnvoll zu erfahren und mit ihr umgehen zu lernen.

Orte der Stille und Anregungen zum sinnvollen Umgang

Stille im (Wort-)Gottesdienst kann verschiedene sinnvolle Orte haben. Es ist besser, eine etwas längere Phase einzulegen, als mehrere kurze Pausen einzuhalten (unbeschadet eines kurzen Innehaltens!)
Solche Orte der Stille können sein:

Bei der Besinnung im Bußakt

Durch den Bußakt müßte normalerweise ein Impuls zur Stille gegeben sein.

Nach der Einladung „Lasset uns beten“ zum Tages- oder Schlußgebet

Stille an dieser Stelle wird in den meisten Gemeinden einer Erklärung bedürfen. Das Tages- oder Schlußgebet ist eine Zusammenfassung oder Ergänzung des persönlichen Gebetes, das seinen Platz in jener Stille hat. Scharf formuliert: Tages- oder Schlußgebet nehmen nach der persönlichen Gebetsstille auch diejenigen noch mit, denen in diesem Moment selber nicht zu beten in den Sinn gekommen ist. In unserer Gottesdienstpraxis ist die Stille nach dem „Lasset uns beten“ aber meistens zu kurz, um mit ihr in diesem urspünglichen Sinn umzugehen.
Hier Stille einzuführen bedarf der Zusammenarbeit mit dem Pfarrer, damit der Sinn erhellt und diese Stille ebenfalls in den Eucharistiefeiern eingehalten wird. Sonst könnte die Gemeinde dies als verwirrend empfinden.

Nach der Predigt

Damit die Predigt noch ein wenig nachklingen kann und nicht gleich durch andere Eindrücke im Fortgang des Gottesdienstes überdeckt wird, ist es sinnvoll, sich nach der Predigt mit allen im Altarraum noch einen Augenblick hinzusetzen und mit der Gemeinde in Stille zu verweilen. Erst dann sollte das Credo gebetet bzw. gesungen werden.

Nach dem eucharistischen Preisgebet

An dieser Stelle können wir die Gegenwart Gottes, der im eucharistischen Brot gegenwärtig ist, besonders dicht spüren. Daher ist es neben der Stille nach der Kommunion sicher einer der geeignetsten Momente für stilles, persönliches Gebet. Persönliches Gebet wird meistens spontan als Bittgebet verstanden. In der Anregung für die Stille ist es daher möglich und auch sinnvoll, den Horizont auf Dank- und Lobgebet hin zu erweitern:

- „Sie sind eingeladen, jetzt in einer Zeit der Stille Gott zu loben für die Nähe und Liebe, die er Sie spüren läßt.“
- „Wir schenken uns jetzt Zeit, um Gott in Stille ganz persönlich dafür zu danken, wo wir seine heilende Kraft (in der vergangenen Woche/in unserem Leben) gespürt haben.“
- „Wir wollen in einer Zeit/Minute der Stille Gott persönlich danke dafür sagen, wo wir in der vergangenen Zeit seine Nähe und seine Hilfe gespürt haben.“
- „Gott setzt sich uns im hl. Brot ganz nahe und greifbar aus. Er ist

nicht der unnahbare, sondern der nahe Gott, der uns vertraut und dem wir vertrauen dürfen: In einer Zeit der Stille wollen wir alles, was uns auf dem Herzen liegt, vor ihn hintragen."

Welcher Akzent für die Einladung zum persönlichen Gebet, zur Anbetung gewählt wird, hängt stark vom Charakter und Thema (Evangelium) des gesamten Gottesdienstes ab. Zum Beispiel legt die Verklärung Jesu auf dem Berg Tabor eher einen Akzent auf Anbetung nahe, eine Heilungsgeschichte dagegen verbindet sich mehr mit Dank oder Bitte.

Nach der Kommunion

Zur Gestaltung während und nach der Kommunion gibt es viele Möglichkeiten: Gesang zur Kommunion, Instrumentalspiel während und/oder nach der Kommunion, Kommunion-Meditation und Danklied. Um Stille zum persönlichen Gebet zu ermöglichen, muß eine Auswahl unter den Gestaltungselementen getroffen werden. Eine Kommunionmeditation, wie sie dieses Buch anbietet, ist oft eine gute Hinführung zu einer Phase der Stille – besonders, wenn nach dem Text noch hinzugefügt wird, daß er noch eine Weile in Stille bedacht werden soll. Daran kann sich das Danklied anschließen. Der Charakter der Fasten- oder Adventszeit lädt dazu ein, den ganzen Kommuniongang (vor allem werktags) in Stille zu halten. Das hebt zugleich die Rolle der Orgelmusik in anderen liturgischen Zeiten hervor.

Zur Kollekte

In den Fürbitten wird Gott um seine Hilfe für unsere Welt und deren Anliegen gebeten. Mit der Kollekte wird der Wille zum Ausdruck gebracht, sich nach Kräften für das Wohl aller Menschen einzusetzen. Hilfe ist immer konkret: Es empfiehlt sich daher, den Zweck der Kollekte anzusagen.
Das Lied während der Kollekte ist geeignet, das Thema des Gottesdienstes bzw. der Predigt noch einmal aufzugreifen und zu vertiefen. Außerdem empfehlen sich Lieder, die das Teilen und Helfen sowie die Fürsorge Gottes zum Inhalt haben.

Quellennachweis

Paul Weismantel, Warte-zeit (S. 18f). Rechte beim Autor.
Phil Bosmans, Fasten heißt lernen (S. 22), aus: ders., Gelöster leben, Verlag Herder, Freiburg 1989.
Gott unser Gott (S. 92f), nach Huub Oosterhuis/P. Pawlowsky, Herr unser Herr, Verlag Gooi & Sticht/Christophorus-Verlag, Freiburg.
Anton Rotzetter, Du, Brot, Du bist unsere Mitte (S. 94), aus: ders., Gott, der mich atmen läßt, Verlag Herder, Freiburg ^{9}1993.
Ich bin vor Dir (S. 94f); Gott so groß bist du (S. 95f), aus: Margit Rotter (Hg.), Vor Gott dasein. Gebete – Impulse – Meditationen zur Anbetung. Echter Verlag Würzburg 1991, S. 53.
Wilhelm Willms, vor der monstranz 1 (S.97–99); vor der monstranz 2 (S. 100f), aus: ders., der weinberg steht in blüte. Hinführung der Kinder zur Erstkommunion, Verlag Butzon & Bercker, Kevelaer 1983, S. 54f.
Jürgen Lenssen, Herr Jesus Christus (S. 102f). Rechte beim Autor.
Paul Weismantel, Mit einer Verheißung sind wir unterwegs zu dir (S. 120f). Rechte beim Autor.
Herbert Jung, Advent, Weihnachten, Aschermittwoch, Fastenzeit, Ostern (S. 139–143), aus: ders., Gottes sanfte Hände über Dir, Verlag Herder, Freiburg 1992.
Irische Segensgebete (S. 144–147), aus: Hermann Multhaupt, Möge der Wind immer in deinem Rücken sein. Alte irische Segenswünsche, Bergmoser + Höller Verlag, Aachen ^{15}1995.